CAMBRIDGE LIBRARY COLLECTION

Books of enduring scholarly value

History

The books reissued in this series include accounts of historical events and movements by eye-witnesses and contemporaries, as well as landmark studies that assembled significant source materials or developed new historiographical methods. The series includes work in social, political and military history on a wide range of periods and regions, giving modern scholars ready access to influential publications of the past.

Cartulaire de Landévennec

The abbey of Landévennec, an important foundation dedicated to the Celtic saint Guénolé, was brought under the Benedictine rule by Louis the Pious in the ninth century. Its cartulary, compiled in the eleventh century, is an essential source for historians of medieval Brittany. The Latin charters were edited and published in 1886 by Réne-François-Laurent Le Men and Émile Ernault. Their preface provides a detailed description of the manuscript, including foliation, scripts, rubrication and an analysis of Breton personal and place names, whose changing orthography provides evidence for the development of the language over the centuries. The text includes a list of Landévennec's abbots, charters documenting the expansion of the abbey's holdings over the course of the tenth and eleventh centuries, and a list of the counts of Cornouaille. A complete index also provides translations of Breton terms into French.

Cambridge University Press has long been a pioneer in the reissuing of out-of-print titles from its own backlist, producing digital reprints of books that are still sought after by scholars and students but could not be reprinted economically using traditional technology. The Cambridge Library Collection extends this activity to a wider range of books which are still of importance to researchers and professionals, either for the source material they contain, or as landmarks in the history of their academic discipline.

Drawing from the world-renowned collections in the Cambridge University Library, and guided by the advice of experts in each subject area, Cambridge University Press is using state-of-the-art scanning machines in its own Printing House to capture the content of each book selected for inclusion. The files are processed to give a consistently clear, crisp image, and the books finished to the high quality standard for which the Press is recognised around the world. The latest print-on-demand technology ensures that the books will remain available indefinitely, and that orders for single or multiple copies can quickly be supplied.

The Cambridge Library Collection will bring back to life books of enduring scholarly value (including out-of-copyright works originally issued by other publishers) across a wide range of disciplines in the humanities and social sciences and in science and technology.

Cartulaire de Landévennec

EDITED BY
RENÉ-FRANÇOIS-LAURENT LE MEN
AND ÉMILE ERNAULT

CAMBRIDGE
UNIVERSITY PRESS

CAMBRIDGE UNIVERSITY PRESS

Cambridge, New York, Melbourne, Madrid, Cape Town, Singapore,
São Paolo, Delhi, Dubai, Tokyo, Mexico City

Published in the United States of America by Cambridge University Press, New York

www.cambridge.org
Information on this title: www.cambridge.org/9781108021890

This edition first published 1886
This digitally printed version 2010

ISBN 978-1-108-02189-0 Paperback

CARTULAIRE DE LANDÉVENNEC,

PAR

MM. LE MEN ET ÉMILE ERNAULT.

PRÉFACE.

Le principal auteur de cette édition est M. René-François-Laurent Le Men, archiviste du Finistère, mort à Quimper le 2 septembre 1880.

L'un des membres les plus zélés de la Société archéologique du Finistère, fondateur du musée archéologique de Quimper, M. Le Men a publié, outre un certain nombre d'articles d'érudition, quatre ouvrages importants :

1° Une réimpression de la partie bretonne du *Catholicon de Lagadeuc*, Lorient [1867], in-8°; — 2° *Histoire de l'abbaye de Sainte-Croix de Quimperlé*, par dom Placide Le Duc, bénédictin de Saint-Maur, Quimperlé, un vol. in-8°; — 3° *Études historiques sur le Finistère*, Quimper, 1875, 1 vol. in-8°; — 4° *Monographie de la cathédrale de Quimper*, Quimper, 1877, 1 vol. in-8°.

C'est M. Le Men qui a proposé au Comité des travaux historiques la publication du Cartulaire de Landévennec, c'est lui que le Comité a désigné comme éditeur, en chargeant de la surveillance de la publication le signataire de ces lignes. M. Le Men a préparé la copie qui a été envoyée à l'impression; mais la mort l'a empêché de corriger les épreuves et de rédiger l'index. Il a été remplacé dans ce double travail par son savant compatriote M. Émile Ernault, aujourd'hui maître de conférences à la Faculté des lettres de Poitiers.

DESCRIPTION DU MANUSCRIT.

Le document édité ici sous le titre de *Cartulaire de Landévennec* commence au folio 140 v° et finit au folio 164 v° d'un manuscrit du XIᵉ siècle qui appartient à la bibliothèque de la ville de Quimper. Ce manuscrit paraît avoir eu originairement 166 feuillets. Au XVIIᵉ siècle ces feuillets ont été numérotés

en chiffres arabes, avec deux erreurs. L'une de ces erreurs a consisté à passer de
11 à 13, en comptant un feuillet de trop à commencer par le feuillet coté 13 in-
clus, qui est en réalité le douzième; l'autre erreur a, par compensation, fait
compter un feuillet de moins qu'il ne s'en trouvait réellement entre les feuillets
cotés 73 et 89. Depuis l'époque où ce numérotage a été inscrit sur les feuillets
du manuscrit de la bibliothèque de la ville de Quimper, 16 feuillets ont dis-
paru : cette lacune comprend les feuillets cotés de 74 à 88. On peut la réparer en recourant à deux manuscrits latins de la Bibliothèque nationale. C'est
d'abord le n° 5610 A (x^e ou xie siècle). Le passage correspondant à cette lacune
commence, dans ce dernier manuscrit, au folio 44 r°, ligne dernière, et se
termine au folio 54 v°, ligne 17. On peut consulter aussi à la même bibliothèque le manuscrit latin 9746 (xvie siècle), du folio 33 v°, ligne 7, au
folio 40 r°, ligne 8; ce manuscrit est une copie de celui de la ville de
Quimper.

Dans le manuscrit de Quimper, la lacune dont il s'agit s'est produite depuis
l'époque où dom Lobineau a réuni les matériaux de son *Histoire de Bretagne*. Le
tome II de cet ouvrage contient aux colonnes 25 et 26 divers extraits du livre II
de la vie de saint Guénolé par Gurdestin; or ces extraits sont tirés de la portion
du manuscrit de Quimper dont l'absence constitue aujourd'hui cette lacune. Le
tome II de l'*Histoire de Bretagne* a paru en 1707. A cette date, ou du moins à
la date à laquelle a été exécutée la copie dont Lobineau a fait usage, les seize
feuillets dont nous signalons l'absence existaient encore.

Pour nous cette lacune a peu d'importance puisqu'elle se trouve dans une
partie du manuscrit de Quimper que nous ne reproduisons pas, et puisqu'on
peut la réparer à l'aide d'autres manuscrits. Ce qui est plus grave, c'est que
deux feuillets manquent dans la partie que nous publions, c'est-à-dire au 19^e
des 21 cahiers dont se composait originairement notre manuscrit; ces feuillets
devraient porter les n°s 147 et 148. Ils étaient déjà en déficit au xvie siècle,
comme on le voit par la copie du manuscrit de Quimper qui forme le manuscrit latin 9746 de la Bibliothèque nationale. Au folio 72 v° de cette copie,
les deux feuillets manquant au manuscrit de Quimper ont fait défaut au copiste,
qui ne s'est pas aperçu de cette lacune, ou qui du moins ne l'a pas signalée.

Avant le numérotage des folios des manuscrits de Quimper au xviie siècle,
on ne pouvait se rendre compte de l'importance de ce manuscrit que par le
nombre des quaternions ou cahiers dont il se composait.

En voici l'état :

NUMÉROS D'ORDRE des quarternions.	FOLIOTAGE.	NOMBRE des FEUILLES de parchemin.	COTES en CHIFFRES grecs.	COTES en LETTRES romaines.
1	1-8	4	A	a
2	9-17 [9-16]	4	B	b
3	18-25 [17-24]	4	Γ	c
4	26-33 [25-32]	4	Δ	d
5	34-41 [33-40]	4.	E	e
6	42-49 [41-48]	4	Ϛ¹	f
7	50-57 [49-56]	4	Z	g
8	58-65 [57-64]	4	H	h
9	66-73 [65-72]	4	Θ	i k
[10]	[73-80]	[4]	[I]	[l]
[11]	[81-88]	[4]	[I A]	[m]
12	89-96	4	I B	n
13	97-104	4	I Γ	o
14	105-112	4	I Δ	p
15	113-120	4	I E	q
16	121-128	4	I [Ϛ]	r
17	129-136	4		s
18	137-144	4		t
19	145-150 [145-152]	3 [4]		v
20	151-158 [153-160]	4		x
21	159-164 [161-166]	3		y

¹ Épisème *vau* ou *digamma*.

Le nombre des quaternions était donc de vingt et un. S'ils avaient tous été composés de quatre feuilles de parchemin donnant huit feuillets, ils auraient fourni un total de 168 feuillets; mais le 21ᵉ quaternion n'ayant que trois feuilles de parchemin, ou 6 feuillets, il y a deux feuillets à retrancher; par conséquent, le manuscrit avait 166 feuillets au lieu de 168. Il manque aujourd'hui dix-huit feuillets, c'est-à-dire : 1° les seize feuillets constituant les deux quaternions numérotés 10 et 11; 2° deux feuillets du 19ᵉ quaternion.

Les quaternions sont cotés en lettres latines sur le bas de la première page.

IMPRIMERIE NATIONALE

Le premier quaternion fait seul exception: sa cote est inscrite au bas de la troisième page ou au recto du folio 2.

Outre ces cotes en lettres latines, les seize premiers quaternions portaient des cotes en chiffres grecs inscrites sur le bas de la dernière page. La cote du premier quaternion est à peu près effacée. Les quaternions 10 et 11 sont perdus. Restent treize quaternions, qui nous offrent des cotes en chiffres grecs parfaitement lisibles. Ce sont des capitales qui semblent de la même date que le texte du manuscrit, et qui auraient, par conséquent, été écrites vers le milieu du xiᵉ siècle. Le scribe auquel on les doit connaissait la valeur numérale du digamma, qui est six, et celle de l'iota, qui vaut dix.

Notre manuscrit offre deux particularités paléographiques intéressantes: l'emploi de l'*apex* ou accent aigu pour distinguer la voyelle longue; l'emploi du demi *h* interlinéaire au lieu du *h* minuscule ordinairement usité. Ces particularités paléographiques se rencontrent dans les manuscrits irlandais, avec d'autres caractères que n'offre pas le manuscrit de la ville de Quimper. Dans l'écriture irlandaise, l'usage de l'*apex*, pour distinguer la voyelle longue, se constate dès le viiiᵉ siècle, et il s'est maintenu jusqu'à nos jours. Le demi *h* interlinéaire y apparaît pour la première fois au ixᵉ siècle: on en a signalé des exemples dans deux manuscrits de cette date, écrits et glosés par des Irlandais, le Priscien de Saint-Gall et le Priscien de Leyde[1], et il a persisté dans certaines éditions irlandaises jusque dans notre siècle[2], quoique, dès le xivᵉ siècle, on le voie de temps en temps alterner avec le point supérieur[3], employé à l'exclusion

---

[1] Zeuss, *Grammatica celtica*, 2ᵉ édition, p. 70. Les gloses irlandaises du Priscien de Saint-Gall ont été publiées par M. Ascoli: *Codice irlandese dell' Ambrosiana*, t. II, Turin, 1880, in-8°; celles du Priscien de Leyde se trouvent dans l'ouvrage de M. Zimmer, intitulé, *Glossae hibernicae*, Berlin, 1881, in-8°, p. 226, cf. lix. On trouve à peu près le même signe employé pour *h* dans le *Pater* latin en caractères grecs du livre d'Armagh (f° 36 r°), au mot *hodie*. Ce manuscrit est du ixᵉ siècle et appartient au collège de la Trinité de Dublin.

[2] Voyez par exemple la partie de l'Histoire d'Irlande de Keating publiée à Dublin en 1811.

[3] Voyez les célèbres manuscrits irlandais connus sous le nom de *Leabhar breac* et le livre de Ballymote. M. Gilbert, dans ses *National mss. of Ireland*, part III, plate XXX, donne le *fac-similé* d'une page du *Leabhar breac*: en général l'abréviation de *h* est le demi *h* interlinéaire, cependant ce signe est remplacé par le point supérieur dans *tuatha* (col.1, ligne 25), *chombreic* (col. 2, ligne 17), *focher* (col. 2, ligne 25), *lethchil* (col. 2, ligne 26), *comchendach* (col. 2, ligne 44). Pour le livre de Ballymote, voy. Gilbert, *Na-*

du demi *h* interlinéaire dans divers documents manuscrits et imprimés du xviiᵉ, du xviiiᵉ et du xixᵉ siècle [1].

Les exemples d'*apex* sont très fréquents dans le manuscrit de la ville de Quimper : nous signalerons par exemple *prohibére* (fᵒ 3 vᵒ), *dé* (dix-huit fois, du fᵒ 5 rᵒ au fᵒ 6 vᵒ), *vi* (f' 9 vᵒ), *né* (fᵒ 10 rᵒ), *sé* (fᵒ 14 rᵒ). On en trouvera plusieurs autres dans le texte publié plus bas.

Du demi *h* interlinéaire, nous avons deux exemples : l'un dans le nom propre *Amhedr* (fᵒ 152 vᵒ), l'autre dans le mot *hospicio* (fᵒ 163 vᵒ).

Il y a entre l'Irlande et les moines de Landévennec des relations intimes. Elles sont établies par un diplôme de Louis le Débonnaire qui était daté de l'an cinq du règne de ce prince, et remontait à l'année 818 de notre ère. Ce diplôme nous apprend que les moines de Landévennec avaient reçu la règle et la tonsure des Irlandais : *cognoscentes quomodo ab Scotis sive de conversatione, sive de tonsione capitum accepissent* [2].

Louis le Débonnaire décida que les moines de Landévennec adopteraient la règle de Saint-Benoît et la tonsure romaine. Cet ordre fut exécuté l'année même [3]. Nous nous sommes d'abord demandé si l'emploi de l'*apex* sur les voyelles longues et celui du demi *h* interlinéaire n'auraient pas été, à Landévennec, au xiᵉ siècle, un débris des usages irlandais supprimés au ixᵉ siècle. Mais d'observations déjà anciennes et de recherches plus récentes faites par le savant et obligeant administrateur général de la Bibliothèque nationale, M. Léo-

---

tional mss., part III, plate XXV, et O' Curry, *Lectures on the manuscript materials*, plates IX et X, figures X, Y et Z. Dans ce manuscrit, le point supérieur est plus usité que le demi *h* interlinéaire, cependant on trouve ce dernier signe dans *uáithi* (O' Curry, fig. X, ligne 3), *graphaind* (O'C., fig. Z, ligne dernière).

[1] Lettre adressée à Robert Nugent dans Gilbert, *National mss.*, part IV, 1, plate XXXIV ; — *Grammatica latino-hibernica nunc compendiata*, authore Rev. P. Francisco O' Molloy, Rome, 1677 ; — *The english-irish dictionary. An focloir bearla gaodheilge ar na chur a n-eagar le Conchobar O' Beaglaoich mar-aon le congnamh Aodh Buidhe Mac-Cuirtin*, Paris,

1732 ; — *Annals of the kingdom of Ireland by the Four Masters*, Dublin, 1851, sept volumes in-4ᵒ, etc.

[2] Ce diplôme a été déjà publié plusieurs fois. Voyez Sickel, *Acta regum et imperatorum Karolinorum*, t. II, p. 121. En collationnant le texte des éditions avec la copie contenue au ms. latin de la Bibliothèque nationale 5610 A (fᵒˢ 52 vᵒ-53 rᵒ), on pourrait introduire dans ce texte quelques améliorations : *Hludouuicus* au lieu de *Ludovicus*, etc.

[3] Vie de saint Guénolé par Gurdestin, chez Lobineau, *Histoire de Bretagne*, II, 26 : Morice, *Mémoires pour servir de preuves à l'Histoire de Bretagne*, t. I, col. 228.

pold Delisle, il résulte que l'emploi du demi *h* interlinéaire a été fréquent sur le continent du ixe siècle au xiie et a encore persisté au xiiie. M. Delisle nous a signalé notamment : 1° deux exemples tirés de deux sacramentaires tourangeaux . le premier du ixe siècle, le second du xie ou du xiie, ms. 184 de Tours (fos 158 v°, 264 v°); 2° deux exemples fournis par le ms. de Leyde, n° 38 du fonds Scaliger, commencement du xiie siècle (f° 77); 3° un exemple offert par le ms. 538 de Wolfenbüttel, qui date du xiiie siècle et qui a été écrit par un scribe français. L'*apex* pourrait donner lieu a des observations analogues. Ainsi doit s'expliquer la présence du demi *h* interlinéaire et de l'*apex* dans le cartulaire de Landévennec appartenant à la bibliothèque de Quimper; il est inutile de recourir à l'hypothèse d'une influence irlandaise.

Le manuscrit de la ville de Quimper s'ouvre (fos 1 v°-2 r°) par le récit d'un miracle que l'intercession de saint Guénolé aurait opéré en faveur d'un jeune garçon frappé par la foudre; on trouve aussitôt après (fos 3-114) la vie, en prose et en vers, de saint Guénolé, écrite au ixe siècle par le moine Gurdestin, qui paraît avoir été abbé de Landévennec de 870 à 884[1]. M. Ramé a donné dans le *Bulletin du Comité des travaux historiques,* année 1882 (p. 421 et suivantes), une savante étude sur ce document, et il en a publié des extraits (*ibid.,* p. 444-448).

Viennent ensuite : des compositions en vers en l'honneur de saint Guénolé (fos 114-129); M. Ramé (*op. cit.,* p. 423-425) les attribue en partie au même Gurdestin; les leçons de l'office de saint Guénolé (fos 130-135), toujours par Gurdestin (Ramé, *op. cit.,* p. 425-426); enfin (fos 135-140) une vie anonyme de saint Idunet ou Ethbin (Ramé, *op. cit.,* p. 439-440).

Après tous ces documents, commence le texte que nous publions : une liste des abbés de Landévennec, un recueil de chartes et de notices de donations, dont une partie paraît avoir été fabriquée au xie siècle, dont les autres datent du xe et du xie siècle, sauf quelques notes marginales du xiie et du xiiie siècle; en dernier lieu, une liste des comtes de Cornouaille.

La première partie de la liste des abbés paraît avoir été écrite d'une autre main que la portion du manuscrit qui précède. Cette main nouvelle est celle à laquelle nous devons la plus grande partie du texte que nous publions. Le dernier nom compris dans cette première partie de la liste est celui du dix-septième abbé,

[1] *Gallia christiana,* t. XIV, col. 896 a.

c'est-à-dire le nom d'Elisuc, qui gouverna l'abbaye de 1047 à 1055[1]. La date de l'avènement d'Elisuc a été placée à la suite de son nom par le scribe auquel on doit cette portion de la liste et la copie de la plus grande partie du texte qui suit.

Jusques et y compris Elisuc, les initiales des noms des abbés sont écrites alternativement en encre rouge et en encre verte, et ces noms sont suivis de chiffres romains en encre rouge qui donnent leurs numéros d'ordre. A partir du successeur d'Elisuc, ce double caractère cesse d'exister : l'initiale est écrite en encre noire, et le numéro d'ordre qui désormais manque d'ordinaire est tracé en noir les deux fois qu'il apparaît. Le nom du dix-huitième abbé, Kyllai (1056-1085)[2], ne doit pas avoir été écrit par le même scribe que le corps du manuscrit, l'*a* et l'*i* sont caractéristiques.

La liste des comtes de Cornouaille, placée à la fin du manuscrit, se termine par le nom de Houel, qui régna de 1058 à 1084, qui fut par conséquent contemporain de Kyllai. Comme le nom de cet abbé, cette liste est tout entière écrite à l'encre noire, et bien que datant du xie siècle, de 1084 au plus tard, elle a été écrite postérieurement à la principale partie du texte que nous publions. Elle est l'œuvre d'un scribe différent de celui qui a écrit la portion la plus considérable de ce texte, et un scribe unique l'a écrite tout entière, sauf quelques notes ajoutées dans les deux siècles suivants.

La partie la plus considérable du recueil des chartes, commençant au folio 141 r°, paraît avoir été écrite intégralement par un seul scribe depuis le commencement jusqu'à la première ligne du folio 163 r°, où ce scribe s'est arrêté sans achever la phrase qu'il copiait. Il traçait les titres à l'encre rouge. Quant aux initiales, il les écrivait de même, la plupart du temps, à l'encre rouge, mais quelquefois aussi à l'encre noire ou à l'encre verte. Ce scribe est le même que celui qui a commencé la liste des abbés.

Dans la vie de saint Guénolé, jusques et y compris le folio 131, c'est l'encre bleue qui, alternativement avec la rouge, a servi pour dessiner les initiales. A partir du folio 132, et jusqu'à la fin de la vie de saint Idunet, l'encre rouge est exclusivement employée pour tracer les initiales. L'écrivain qui a commencé le manuscrit de la ville de Quimper, et auquel on doit ce qu'on lit du folio 2 v° au folio 140 r°, avait probablement épuisé son approvisionnement d'encre bleue

---

[1] *Gallia christiana*, t. XIV, 896 c. — [2] *Gallia christiana*, XIV, 896 c.

quand il est arrivé au folio 132. M. Delisle m'a fait observer, en outre, que ce scribe formait les *e* minuscules autrement que celui auquel est due la copie de la plus grande partie du document que nous éditons.

Dans le texte que nous publions (f⁰ˢ 140 v° et suivants), un procédé nouveau est employé. Avec un scribe nouveau, l'encre verte apparaît. Elle fait concurrence à l'encre rouge avec laquelle elle alterne, du folio 140 v° au folio 161 r°. L'encre rouge persiste encore dans deux initiales, folio 162. Puis, à partir du folio 163, l'encre noire est employée seule. Or, sauf la première ligne de ce folio, le reste du manuscrit (f⁰ˢ 163-164) a été écrit, tant au xi° siècle qu'au xii° et au xiii°, par d'autres scribes que celui auquel on doit le commencement et la plus forte partie de notre recueil. Ces nouveaux scribes n'avaient pas, semble-t-il, d'autre encre que la noire à leur disposition.

LANGUE DES MOTS BRETONS.

La plupart des mots bretons contenus dans le document que nous·publions offrent les caractères distinctifs de la langue du siècle où ses différentes parties ont été écrites. C'est ainsi que, dans une note marginale du xii° siècle, apparaît le changement de la moyenne initiale en spirante, *an Vastardou* (f° 145 v°), avec un *v* initial au lieu d'un *b*, cela conformément à la règle moderne, parce qu'il s'agit d'un nom au pluriel précédé de l'article masculin du même nombre : *an Vastardou* « les Bâtards »; au singulier on devait dire *an bastard*.

Cette permutation du *b* initial en *v* est un phénomène analogue au changement du *b* final en *f* ou en *v*. Les chartes du *Cartulaire de Redon*, qui remontent au ix° siècle, écrivent *treb* le nom de la petite circonscription géographique qui, dans les chartes postérieures du même cartulaire, devient *trev* au x° siècle, et *tref* au xi° [1]. La partie de notre manuscrit qui date du xi° siècle nous offre toujours *tref*. Un mot, qui présente primitivement la même labiale que *treb*, le bas-latin *plebe* « paroisse », devient, sous la plume du scribe qui a écrit la plus grande partie du *Cartulaire de Landévennec*, *plueu*, avec *v* final = *b*, exemple : *Plueu Crauthon, Plueu Eneuur, Plueu Neugued,* à moins qu'on ne voie disparaître toute trace de labiale, exemple : *Ploe Ermeliac.* Comparez dans le *Cartulaire de Redon* : *Pluiu-Catoc,* dans une charte de 848 [2], *Ploi-Lan,* dans

[1] Loth, *Voc. vieux breton,* p. 11; voyez dans le *Cartulaire de Redon : Treu-Munbl,* en 904, p. 227; *Tref-hidic,* xi° siècle, *ibid.,* p. 310, 311. — [2] *Pluiu-catochensibus,* p. 88.

une charte de 871[1], l'un conservant le *v* final = *b*, l'autre le laissant tomber[2]. Ainsi le *b* final, qui était médial avant la chute de la désinence, tombe ou s'affaiblit en spirante vers le milieu du ixe siècle; et il y a une grande analogie entre ce phénomène et la permutation postérieure du *b* en spirante après l'article masculin pluriel : *an Vastardou*.

Ce qui est presque identique à cette permutation, c'est le changement du *b* en spirante, c'est-à-dire en *v* ou *uu*, quand il est initial du second terme d'un composé dont le premier terme est un nom ou un adjectif.

Cat-bud « victoire dans le combat » est un nom propre fréquent dans le *Cartulaire de Redon;* il est écrit *Cat-uud* dans une charte de 875 conservée par le même cartulaire, p. 213; *Gal-budic,* probablement « victorieux à la guerre ». 871, p. 196 du même cartulaire, devient *gal-vudic* à la page suivante dans une charte de la même date; *Al-brit* dans deux chartes du milieu du ixe siècle, p. 66, 200, est écrit *Al-vrit* dans deux chartes du même temps, p. 157, 202. Le second terme de ce mot se rencontre dans divers composés, comme *Uuen-brit,* femme de Salomon, roi de Bretagne, 857-875 (*Cartulaire de Redon,* p. 39, 45, 61), écrit *Guen-uureth, Guen-uuret* dans un diplôme de l'année 869 (*ibid.,* p. 189)[3]. Ces noms propres sont des composés asyntactiques. Dans *an Vastardou,* xiiie siècle, au lieu d'un composé asyntactique dont le premier terme était originairement terminé par une voyelle, comme dans *Cat-vud, Al-vrit, Guen-uuret.* nous avons un composé syntactique dont le premier terme remplit la même condition. Dans les composés syntactiques la permutation du *b* en *v* est plus tardive que dans les composés asyntactiques.

Le *d* a plus de solidité que le *b*. La spirante qui lui correspond est le *z*. Mais cette lettre n'apparaît pas avant le xiie siècle[4], et elle ne devient fréquente qu'au xiiie. Le *d* persiste donc dans le *Cartulaire de Landévennec: Budic* « victorieux ». nom d'homme, plus tard *Buzic; rud* « rouge », plus tard *ruz; neuued* « nouveau », écrit *nouuid* de 826 à 851 dans des chartes que nous a conservées le *Cartulaire de Redon* (p. 86, 92, 100, 117, 133), et plus tard *nevez*.

---

[1] *Ploi-lan,* p. 197.

[2] Comparez *Jacu* = *Jacôb,* ixe siècle; *Jacutus,* xiie siècle, *Cart. de Redon,* p. 346, a été fabriqué par des gens qui ignoraient l'étymologie de *Jacu.* Cf. *Grammatica celtica,* 2e édition, p. 137.

[3] Cf. *Grammatica celtica,* 2e édition, p. 137.

[4] *Barza* = *Barda, Cartulaire de Redon,* p. 325, charte non datée, qui se place entre 1114 et 1139.

Le *g* a, dès le ixe siècle, un sort analogue à celui du *b* : il tombe ou se change, soit en *i*, soit en *e*. Il tombe ou se change en *i* entre deux voyelles. Il tombe entre deux voyelles : c'est ainsi que le *Tegernâcus* de deux inscriptions chrétiennes de la Grande-Bretagne, écrites vraisemblablement soit au viie, soit au viiie siècle, devient *Tiarnoc* dans une charte de 814 conservée par le *Cartulaire de Redon* (p. 102). De même dans le *Cartulaire de Landévennec, ti* = *tigos* «maison» forme le second terme des composés *Laed-ti* «laiterie», *Guolch-ti* «buanderie». Le *g* se change en *i* entre deux voyelles quand il est initial du second terme d'un composé : *Prit-ient,* dans une charte de 869, *Cartulaire de Redon,* p. 193, et dans plusieurs passages du *Cartulaire de Landévennec,* tient lieu d'un plus ancien * *Prito-gento-s* «fils de Pritos». On trouve aussi dans le *Cartulaire de Redon* : en 895, *Hoiarn-ien* = * *Ésarno-genos* «fils du fer», p. 217; au ixe siècle, *Dubr-ien* = * *Dubro-genos* «fils de l'eau», p. 74; en 842, *Bud-ien* = * *Bôdi-genos* «fils de la victoire», p. 104. *g* se change en *e* ou *i* entre une voyelle et *l*. *Uuin-mael,* dans une charte de 862, *Cartulaire de Redon,* p. 65, est identique au *Vinne-maglus* d'une inscription datée du ve siècle par M. Hübner, *Inscriptiones Britanniae christianae,* qui l'a publiée sous le n° 157. *Cun-mailus,* dont il sera question plus loin, succède à un plus ancien *Cuno-maglus.*

L'orthographe qui nous offre la chute du *g* médial, ou son remplacement par *i* ou *e,* semble représenter la prononciation du ixe siècle et des siècles postérieurs. A côté de cette orthographe les textes en offrent quelquefois une autre qui est historique et qui conserve le *g.* A côté de *Hoiarn-ien* se trouve, dans le *Cartulaire de Redon,* p. 126, 96, 220, *Hoiarn-gen,* dans des diplômes de 854, 858, 892. Le diplôme du même Cartulaire, qui porte la date de 869, et où se lit le nom propre d'homme *Prit-ient,* nous met trois fois le même nom sous les yeux avec l'orthographe historique *Pri*[*t*]-*gent.*

Gurdestin, dans sa vie de saint Guénolé, écrite dans la seconde moitié du ixe siècle, conserva l'orthographe historique du substantif *maglus* «prince», employé, soit simple, soit comme second terme de composé. Au livre I, c. xviii, il écrivit *Maglus, Cono-magli filius*[1]; son orthographe fut reproduite au xe siècle

---

[1] Conomaglus avait élevé Fracanus, père de saint Guénolé. Maglus avait joué le rôle de jockey dans une course de chevaux où luttaient l'une contre l'autre l'écurie de Fra-canus et celle de Rivalus, duc de Domnonie. Maglus montait le cheval de Fracanus; il fut le vainqueur; mais, arrivé au but, il tomba, et faillit se tuer.

environ dans le manuscrit latin de la Bibliothèque nationale 5600 A (fᵒ 28 rᵒ),
et vers 1050 dans le manuscrit de Quimper (fᵒ 51 vᵒ). Or *Maglus* est déjà *Mael*
dans deux chartes du *Cartulaire de Redon*, 838-849, p. 47, et 832-867,
p. 100. *Cono-maglus*, qui a dû être, un ou deux siècles plus tôt, *Cuno-maglus,
devait au ixᵉ siècle se prononcer *Con-mael*, ou *Cun-mail*, si nous nous en rap-
portons au *Cartulaire de Redon*, qui donne l'orthographe *Con-mael* dans deux
diplômes, l'un de 835-838 (p. 146), l'autre de 854 (p. 19), et qui nous offre
la variante *Cun-mailus* (p. 69) dans un diplôme sans date, mais probablement
contemporain des précédents.

Plus bas (livre II, c. xxiii) Gurdestin racontait l'aventure des fils d'un personnage nommé *Cat-maglus*, plus anciennement *Catu-maglus «prince du combat». Le manuscrit de Quimper respecte l'orthographe de Gurdestin (fᵒˢ 94 rᵒ
et 103 rᵒ). Le manuscrit latin de la Bibliothèque nationale 5610 A écrit *Cat-
maelus* (fᵒ 58 rᵒ) avec *e* = *g*, comme une charte de 869, conservée par le *Cartulaire de Redon* où l'on trouve le nom d'homme *Mael-cat*, avec interversion
des termes dans le nom de lieu composé *Plebs Maelcat*, aujourd'hui *Plumaugat*
(p. 83). L'orthographe *Maglus, Conomaglus, Catmaglus*, nous paraît établir que
Gurdestin, quand il écrivit la vie de saint Guénolé, avait sous les yeux des
documents antérieurs au ixᵉ siècle.

Au ixᵉ siècle, les ténues persistent quand elles sont placées immédiatement
entre deux voyelles ou quand elles sont finales. Deviennent quelquefois spirantes : 1° *t* précédé de *r*, de *c*, ou doublé; 2° *c* précédé de *r*, de *l*, ou doublé;
t spirant s'exprime graphiquement par *th*; *c* spirant est représenté par *ch*. Telles
sont les lois qui s'observent dans les chartes les plus anciennes du *Cartulaire
de Redon*. Ainsi la ténue entre deux voyelles persiste dans *Catoc* = *Catuâcus*,
chartes de 837 (p. 13) et de 872 (p. 207); *Cadoc*, charte de 826 (p. 205), a été
vraisemblablement modernisé par le copiste; c'est la prononciation du xiᵉ siècle,
exemple : *Cadocus*, dans une charte de 1084 (p. 295). Nous citerons encore
le *Cat-votal* = *Catu-votalos des chartes du ix siècle, changé en *Cadodal*, en
1060 (p. 316). Quant au *t* et au *c* spirant : Arthur avec *h* (=*Artōros), dont
il y a de nombreux exemples, s'oppose à *enep-uuert* «douaire», sans *h* final,
875 (p. 184); *march* «cheval» dans les composés s'oppose à la variante *marc*
sans *h*; on trouve *Con-march* et *Con-marc* dans deux diplômes de 833 (p. 6
et 7); *Bresel-marcoc* «cavalier de guerre», en 86 (p. 61), s'oppose à *Bresel-mar-
choc*, 869 (p. 83), etc. *Uualc-moel* «fauconnier, domestique chargé du faucon»,

IMPRIMERIE NATIONALE.

est écrit sans *h* dans deux diplômes, l'un de 859 (p. 25), l'autre à peu près contemporain du premier (p. 60).

Dans le *Cartulaire de Landévennec,* la tendance vers le changement des ténues médiales en moyennes est bien plus marquée que dans les chartes anciennes du *Cartulaire de Redon,* où, comme nous venons de le dire, ce changement est dû à l'influence exercée sur le copiste par l'orthographe de son temps, c'est-à-dire du xie siècle. Ainsi le gaulois *Caratâcus* devient *Caradocus* dans le *Cartulaire de Landévennec;* à côté de *Rathenuc* «fougeraie», nous y trouvons la variante *Radenuc;* cependant *machoer* [1] «mur», du latin *maceria,* ne change sa sourde en moyenne que dans une note marginale du xiiie siècle, où son pluriel est écrit *maguerou; Caer-Tanett,* aujourd'hui Kerdanet, *Mor-cat,* aujourd'hui Morgat, conservent la sourde initiale du second terme.

Le changement des ténues en spirantes se fait aussi dans le *Cartulaire de Landévennec* plus facilement que dans celui de Redon. L'*enep-uuert* du *Cartulaire de Redon* devient *enep-guerth* dans le *Cartulaire de Landévennec;* au *uualc* «faucon» du *Cartulaire de Redon* on peut comparer le *guolch* qui, dans le *Cartulaire de Landévennec,* est le premier terme du composé *Guolch-ti* «buanderie».

Je pourrais continuer cette étude, insister, par exemple, sur la forme *gu* du *v* primitif qui, dans les chartes du ixe siècle conservées par le *Cartulaire de Redon,* s'écrit ordinairement *uu,* et montrer comment *Uuin-uualoeus* est devenu *Guin-gualoeus; enep-uuert, enep-guerth; Uurdestinus, Gurdestinus,* dans le *Cartulaire de Landévennec* [2]; je pourrais examiner d'autres points de phonétique, prouver, par exemple, que *oi = é* dans le *Cartulaire de Redon* devient *u* dans le *Cartulaire de Landévennec,* où *ruant = roiant, huarn = hoiarn,* etc.

Je termine ici ce travail grammatical, laissant à d'autres la tâche de le reprendre et de le compléter. J'en ai dit assez pour montrer quel genre d'intérêt le *Cartulaire de Landévennec* offre, au point de vue de la linguistique, et je vais passer à un autre ordre d'idées.

---

[1] Ici, comme dans un certain nombre d'autres mots, *ch = k.* V. par ex. : Chourentinus. On remarquera que dans *Laed-ti* «laiterie» la dentale spirante est notée par *d.*

[2] Voir, sur ce point de phonétique, Loth, *Vocabulaire vieux breton,* p. 12.

CHRONOLOGIE DU CARTULAIRE DE LANDÉVENNEC.

Les doctrines chronologiques reçues à l'abbaye de Landévennec, du ıx^e au xı^e siècle, sont en contradiction avec celles qu'on admet de nos jours et qui ont trouvé chez M. de la Borderie un défenseur aussi savant que convaincu. Voici la croyance des moines de Landévennec.

Matmunuc, leur troisième abbé, était contemporain de Louis le Débonnaire, dont il obtint un diplôme en 818. Ceci est reconnu comme certain par tout le monde. Mais en voici la conséquence tirée par les moines de Landévennec et presque unanimement repoussée par l'érudition bretonne des temps modernes. C'est que le premier abbé de Landévennec, saint Guénolé, vivait au siècle précédent et était contemporain de Charlemagne. Voilà ce qu'affirme le *Cartulaire de Landévennec* (f° 146 r°), dans un récit quelque peu légendaire peut-être dans certains détails, mais dont le fond n'offre rien de suspect et où il met en présence saint Guénolé, saint Corentin, le roi Gradlon et trois ambassadeurs de Charlemagne : or cette doctrine s'accorde parfaitement avec un autre passage du même Cartulaire (f°s 157-158), où il est dit que saint Conocan, ayant reçu autrefois du roi Hylibertus, c'est-à-dire Childebert, probablement de Childebert III, mort en 711, une certaine propriété, *recommanda* cette propriété à saint Guénolé. Comme il résulte des observations de M. Ramé, cette théorie chronologique est conforme à la thèse de Gurdestin, qui, après avoir vanté Gradlon, Corentin et Guénolé, après avoir parlé de la splendide lumière projetée sur la Cornouaille par ces trois flambeaux, ajoute que saint Tutgual ou, pour adopter une orthographe plus ancienne, saint Tutual les précéda :

> Jamque tamen ternos praecesserat ordine sanctos
> Eximiis istos Tutgualus[1] nomine clarus,
> Cum meritis monachus multorum exemplar habendus[2].

Il est constant que saint Tutgual fut contemporain d'un Childebert, roi des Francs, qui, comme on l'admet généralement serait Childebert Ier, mort en 558, mais qui serait mort en 711, si c'est Chilbebert III, comme nous penchons à le croire. En tout cas, que le Childebert contemporain de saint Tutgual soit mort en 558 ou en 711, il est impossible de placer au ve siècle des personnages qui

---

[1] *Tutualus*, dans le ms. latin 5610 A. — [2] Ms. de la ville de Quimper, f° 90 v°; ms. de la Bibl. nat., lat. 5610 A, f° 71 v°.

ont vécu après saint Tutgual. On ne pourrait donc dater du v⁰ siècle avec l'érudition bretonne moderne, dont M. Hauréau a accepté les doctrines, saint Corentin, premier évêque de Quimper[1]. Remarquons, du reste, que Félix, troisième successeur de saint Corentin, vivait au ix⁰ siècle, exactement comme Matmunuc, troisième successeur de saint Guénolé. Il résulte de là que vraisemblablement saint Corentin doit avoir occupé le siège de Quimper au viii⁰ siècle, époque où saint Guénolé, dans le même système, aurait fondé l'abbaye de Landévennec.

Nous ne voyons pas pourquoi on soutiendrait que le roi des Francs du nom de Childebert mentionné à propos de saint Tutgual n'a pas été Childebert III. Avant l'érection de l'évêché de Tréguier par Noménoé en 848, l'abbaye de Tréguier paraît avoir eu sept abbés, Tutgual compris[2]. En leur attribuant vingt ans d'exercice à chacun en moyenne, on trouve cent quarante ans, qui nous font remonter à l'année 708, c'est-à-dire au règne de Childebert III. Les textes hagiographiques suivant lesquels saint Tutgual est un contemporain de saint Aubin, évêque d'Angers au vi⁰ siècle, sont interpolés[3]. On ne peut donc s'appuyer sur eux pour faire de saint Tutgual un contemporain de Childebert I⁰ʳ.

La conséquence de tous ces faits serait que le fameux Gradlon, placé communément au v⁰ siècle, aurait vécu au viii⁰ siècle, comme saint Guénolé, comme saint Corentin, comme saint Tutgual ou Tutval, un peu antérieur à eux. Gradlon était un simple comte de Cornouaille. Par reconnaissance pour ses bienfaits, les moines de Landévennec lui ont attribué le titre de roi, et ils ont fabriqué des chartes dans lesquelles ils se sont fait donner par lui diverses possessions pour lesquelles ils n'avaient pas de titres.

Je ne prétends pas soutenir que ces doctrines chronologiques soient certaines. Je dis simplement que c'est le résultat auquel conduisent : 1° l'étude de la vie de saint Guénolé, écrite au ix⁰ siècle par Gurdestin ; 2° l'examen des documents, les uns faux, les autres vraisemblablement authentiques, contenus dans le *Cartulaire de Landévennec*. D'autres textes pourraient peut-être amener à un résultat différent. Je n'ai en aucune façon la prétention de donner une solution définitive. Je me borne à constater que la tradition de l'abbaye de Landévennec

---

[1] *Gallia christiana*, XIV, 871-872.

[2] *Gallia christiana*, XIV, 1135.

M. A. de Barthélemy a découvert la plus ancienne rédaction de la vie de saint Tutgual. Il vient de la faire paraître dans les *Mémoires de la Société des antiquaires de France*, année 1883, t. XLIV, p. 104 et suivantes.

est très différente de la doctrine reçue, et que cette tradition relatée par Gurdestin au ix⁰ siècle, vraisemblablement un siècle après la fondation monastique
avec laquelle cette tradition est intimement liée, ne peut guère être considérée
comme tout à fait méprisable[1].

H. D'ARBOIS DE JUBAINVILLE.

[1] Pour étudier le système opposé à cette tradition, on fera bien de lire les pages 4-12
d'un mémoire publié par M. A. de la Borderie (*Ann. hist. et arch. de Bretagne*, 1862).

CARTULAIRE

DE LANDÉVENNEC.

———◦◦◦———

[1] Jusqu'à ce nom inclusivement, la liste des abbés de Landévennec est écrite de la même main que le corps du manuscrit. Les noms des abbés suivants paraissent avoir été ajoutés au fur et à mesure de leur élévation à cette dignité. Il y a presque autant de scribes différents que d'abbés.

Kyłlai.

Justinus.

Guilhelmus.

Lancelinus.... XIX

Orscandus..... XXI

Elimarius M̄·C̄·XL II· anno.

Gradlonus.

Riuuałlonus.

Gradlonus de plebe Sancti Eneguorii de pago Cap Cavałl.

Iacobus.

Rivalonus M̊·CC·XVIII·

Tadic anno Domini M̊·C̊C· quadragesimo.

Rivałlonus de Ploemergat.

Rivałlonus de Treles.

Bernardus.

Riocus abbas istius loci de plebe Sancti Eneguorii de pago Cap Cavałl.

Johannes dictus porcus.

Eudo Gormon de Leon[ia].

Alanus Piezresii qui obiit ammene.

Armaelus de Villanova apud Languern.

Alanus de Doulas, qui obiit anno Domini M̊·[CCC]·LXXI°, cujus anima requiescat in pace. Amen.

Hic desunt multi usque ad Joannem Brient, factum abbatem anno 604, magnum archidiaconum Cornubiæ et rectorem de Crauzon, doctorem in utroque jure.

[f° 141 r°]

[2]

Post ammirabile generis humani commercium, quod de antiqui facinoris fecce mundatum est, post ignitas linguarum coruscationes de cælo emissas, quibus novus cum rudi fonte imbueretur cuneus, ita ut, quod ignis doctrinæ contingeret, baptismatis unda dilueret, ita etiam

---

[1] XIX parait une faute pour XXI.

et Dominus Jhesus Christus nobis transmisit sanctum Guingualoeum,
de insula Thopopegia pergens siccis pedibus cum undecim fratribus per
profundum pelagus, quousque Cornubiam deveniret. Sed statim ex quo
ille amabilissimus venit, sicca rupis aquæ jussa est fundere eidem
sancto fontem Guingualoeo. Illo vero rogante non modicum fecit inundare. His et aliis virtutibus ejus plurimis factis atque manifestatis,
ibidem nutu Dei enituit, scilicet cæcos illuminavit, surdos audire fecit,
mutos loqui, [claudos sanavit, paraliticos curavit, leprosos mundavit,   [f° 141 v°]
trium mortuorum suscitator magnificus fuit, et rudes fontes inundare
fecit, sicut in primo libro de vita ejus scripto nuper edidimus atque
caraximus. Sed non post multum tempus sanctus Uuingualoeus iter
edidit ad fratrem suum Ediunetum, qui morabatur in quendam mon-
taneum qui vocatur Nin, serviens Deo die noctuque super ripam flu-
minis quod vocatur Hamn. Et ille sanctus Dei Ediunetus occurrit sancto
Uuingualoeo, videns eum venientem ad sé, et se ipsum sancto Dei commendavit, id est corpus et animam et spiritum et omnia quæ habebat,
et terras quas Gradlonus rex sibi dedit, id est tribum Dinan, tribum
Cunhin, Caer Choc, Lan Iuncat, dimidiam partem Gumenech. Hæc
omnia in dicum[bitione sancto Vvingualoeo tradidit coram multis tes-   [f° 142 r°]
tibus. Et ibi remansit sanctus Dei tribus diebus cum sancto Ediuneto.
Loquebantur de regno cælesti. Et postea reversus est sanctus Dei ad
locum suum cum quinque monachis religiosissimis optimis viris.

[3]

DE CONLOQVIO GRADLONI APVT SANCTVM WINGVALOEVM PRIMO.

Ego Gradlonus, gratia Dei rex Britonum nec non et ex parte Francorum, cupiebam videre sanctum Dei Uuingualoeum ex multis temporibus; idcirco obvius fui illi per viam in loco qui vocatur Pulcarvan.
Et ideo do et concedo de mea propria hereditate sancto Vvinvvaloeo, in
dicumbitione, et ut mercarer cælestia regna et ejus preces assiduas
pro anima mea atque pro animabus parentum meorum sive vivorum
atque defunctorum, nec non et eorum qui futuri erunt.

IMPRIMERIE NATIONALE

[4]

DE TRIBV CARVAN.

Et ideo innotescere cum pio[1] per istas litterulas quid volo illi dare coram multis testibus cornubiensibus nobilissimis et fidelibus, id est tribum Caruan, xiiiivillas.

[5]

DE INSVLA SEIDHUN.

Et insulam quæ vocata est insula Seidhun, cum omnibus ei apendiciis, in dicumbitione aeterna.

[6]

DE TRIBV PEDRAN.

Tribum Petrani, xxx villas, in dicumbitione aeterna.

[7]

DE TRIBV CLECHER. DE P[L]EBE ARCHOL. DE PLEBE TELCHRVC[2].

Tribum Clecher, xiii villas, et omnem plebem Arcol, a mare usque ad mare, et omnem plebem Telchruc, excepto Lanloebon, in dicumbitione æterna.

[8]

DE PLEBE CRAVTHON.

Terciam partem plueu Crauton in æternam hereditatem, Alvarpren in dicumbitionem aeternam, Lanloetgued in æternam dicumbitionem.

Ecce ego Gradlonus, gratia Dei rex, do sancto [Vvingualoẹo terciam partem plueu Crauthon ejusque aecclesiam in dicumbitione aeterna.

---

[1] Lisez *cupio*.

[2] " ..... qui sunt de genere Matret tenent [a sanct]o Wingualoeo et ab abbate suo ...m sexciatus mellis in plebe Ar[ch]el, in plebe Thelgruc xx.viii. » — Ces mots ont été ajoutés en marge, probablement au xiii° siècle. Le commencement des lignes a été rogné par le relieur.

[9]

Tres filii Catmagli, inique agentes, venerunt nocte ad locum sancti Uuingualoęi, et ibi rapinam fecerunt quasi lupi rapaces. Modo autem per virtutem sancti Dei cælebites sunt. Et ideo tradiderunt hereditatem suam sancto Vvingualoęo in æternam hereditatem. Ego Gradlonus hoc affirmo, Roscatmagli in dicumbitione aeterna sancto Uuingualoęo.

[10]

Haec memoria retinet, quod emit Gradlonus Eneshir, atque Rachenes, Caerbalauan, nec non et Ros Serechin, de auro atque argento, quod accepit filii regis Francorum; et postea tradidit sancto Uuingualoęo in dicumbitione Tref Pulcrauthon, Tref Lés, Morcat, Sent Uurguestle, Bois, Les Rattenuc, Labou Hether, Lan Cun, Tref Cun.

[11]

Hae litterae narrant, quod ego Gradlonus [iterum dó sancto Uuin- [fº 143 vº] gualoęo dimidiam partem Tref Hirgard, Tref Caruthou, Guern Pen Duan, ɪɪɪᵉˢ villas; Lan Tnou Miou, Lan Gun[,] Caer Gurcheneu, Les Tnou, ɪɪɪɪᵒʳ villas; Caer Gurannet, Les Cletin, dimidiam partem Caer Beat, Tí Ritoch Han Silin, Tref Limunoc, Caer Pont, Tref Pul Dengel, Sent Rioc, dimidiam partem Ros Tuder, Solt Hinuarn, Caer Truu, in dicumbitione.

[12]

DE TRIBU UUILERMEÆN.

Et iterum haec memoria retinet, quod emit sanctus Uuiconus quandam tribum in vicaria, quæ vocatur Trechoruus nomine, Tref¹ Uuilermeaen, Lan Hoiarnuc ex quinque libris aureis preciosissimis a Gradlono rege in perhennem hereditatem, et tradidit sancto Uuingualoęo pro anima sua. Ego Gradlonus hoc affirmo in dicumbitione.

¹ Dans le manuscrit, *tres*.

[13]

DE TRIBV LAN TREFHARTHOC.

[f° 144 r°]   [Sub eodem tempore emit Harthuc transmarinus quandam tribum, xxii villas, in plebe quae vocatur Brithiac, per ccc^{tos} solidos argenteos in æternam hereditatem a Gradlono, rege Britonum. Et ille non habebat filios neque parentes nisi tantum seipsum solum, et ideo se ipsum commendavit predicto regi atque omnia sua. Sed tamen, dum ille defunctus esset, ego Gradlonus accepi ipsam terram, quæ vocata est Tref Harthoc; cum omnibus ei apendiciis, pratis, silvis, aquis, cultis et incultis sancto Uuingualoeo in dicumbitione do et affirmo propter sepulturam meam a[t]que pretium sepulchri mei.

[14]

DE TRIBU QUI SUNT IN BRITHIAC.

    Rursus sub eodem hujus temporis articulo hæ litterae narrant, quod mortuus est filius meus amantissimus Rivelenus, et ego ideo Gradlonus, [f° 144 v°]   gratia Dei rex, dó et con[cedo in dicumbitione sancto Uuingualoeo pro anima ejus atque sepulturam illius : id est tribus tres de mea propria hereditate quae vocatur Guodmochus : Tref Les, vii villas, Solt Gneuer, Tref Budgual, Tref Marchoc, vii villas, Caer Gurhouen, Penn Hischin, Busitt, Lan Hoetlleian, Cnech Crasuc, Sulian, Lisiann, Anlaedti, Ludre Sirfic, Caer Deuc, Bot Tahauc, Tref Cann, vii villas, et unum scripulum terræ in Moelian. Haec omnia do sancto Uuingualoeo pro anima ejus Riuelen in dicumbitione aeterna. Amen.

[15]

DE TRIBV HERPRITT ET LANBERTHVUAULD.

    Eodem quoque tempore erat quidam vir sanctus Dei nomine Berduualt qui et seipsum commendavit et omnia sua, id est Lan Herprit et locum, qui vocatur Lan Bertuualt, cum omnibus ei apendiciis sancto [f° 145 r°]   Uuingualoęo in dicumbitione. [Ego Gradlonus, nutu Dei rex, hoc affirmo in dicumbitione.

[16]

Hae literae narrant, quod ego Gradlonus do de mea propria hereditate scripulum terræ viro Dei sancto Tanuoud, Tnou Mern, pro redemptione animae meæ in aeternam hereditatem; et ille postea commendavit se ipsum sancto Uuingualoẹo cum omnibus sanctis. Ego Gradlonus hoc affirmo in dicumbitione.

[17]

Et iterum hæc memoria retinet, quod quidam vir nobilis nomine Cunianus tradidit subjectionem atque ẹlemosinam de sua propria hereditate, id est tria vicaria, Uuoeduc, Luhan, Buduc, sancto Uuingualoẹo, xvi modios frumenti uno quoque anno usque Lanteguennoc. Ego Gradlonus hoc [affirmo in nomine Dei summi.   [f° 145v°]

[18]

Ita etiam sub eodem tempore quidam vir indolis nomine Uur-

---

[1] «Lan Ritian ii sextaria et i pastum. De terra Minihi ecclesie Guoethuc viii; unum pastum de capellano ecclesie, et unum pastum decimat.....» — Cette note a été écrite au xiie siècle en marge du folio 145 v°.

[2] «Hec sunt debita Landrefmael Haethurec Caer Nilis ix sextaria frumenti. De terra Hedrgual ii sextaria frumenti et unum pastum. De terra Gleulouen [i]i sextaria et unum pastum. De terra Jedecael Guidet iii modios frumenti. [L]an Huncat ii sextaria. Pul Scaven ii sextaria. Kaer Foet i sextarium. De terra An-Vastardou iii sextaria frumenti. De terra Hinebet ii sextaria et unum modium et duo pasta. Buort iii sextaria frumenti. [De] terra Hebguoeu in Ro Riguin ii sextaria. [De] terra An-Prunuc

i sextarium et i pastum. De terra An-Kelihuc i sextarium.» — Cette note a été écrite au xiie siècle dans la marge gauche du folio 145 v°.

«Terræ de Landremael, Penannaut, Kaer Bea...os, Kaer Cadaven, An-Kelioc, An-Luch.

«De Goedoc, terra Briendi Conrrier, an Staer, Run an-peliet, an-Birit, an Busit, Lan guegon an Maguaerou.

«An-Porht Gludoc, Run Guennargant, Landremael.» — Ces trois derniers paragraphes ont été écrits au xiiie siècle sur la marge gauche du folio 145 v°.

A droite on lit en écriture du xviie siècle: «Landremel.»

meini tradidit suam propriam hereditatem sancto Uuingualoẹo pro redemptione animæ suæ ejusque parentum post se in aeternam hereditatem, id est : Tref Ardian, Ros Guroc, Buorht, Pen Carhent; Tref Tocohan, Ros Riuuen, Tref Rinou, Lan Tref Mael, Caer Poeth, Caer Uuern, cum omnibus ei apendiciis cultis et incultis in dicumbitione. Ego Gradlonus hoc affirmo in dicumbitione aeterna. Amen.

[19]

DE TRIBV VVINVVIRI [1].

Ego Gradlonus do sancto Uuingualoẹo quandam tribum Uuinguiri in plebe Niuliac, in Gurụreẹn Lan Sent, in Lan Chunuett Les Radenuc, in Rioc Lan Preden v villas, Loc Iunguorett, [v villas, in Neuued Lan-Tutocan, Lan Sonett in plebe Treguenc, locum sancti Uuingualoẹi in Buduc, v villas.

[f° 146 r°]

[20]

DE TRIBV LAN SENT [2].

Item tunc quidam vir nomine Uuarhenus erat vir nobilis et auctor atque pincerna regis Gradloni. In cujus domo erat Gradlonus, rex Britonum, quando venerunt nuntii regis Francorum nomine [Karolus] [3] magnus ad illum. Tres nuntii fuerunt; haec sunt nomina illorum :

---

[1] « Guinguri. » — Note marginale en écriture du xviiᵉ siècle.

[2] « Lan Sent. » — Note marginale en écriture du xviiᵉ siècle.

[3] Le mot *Karolus* a été effacé dans le cartulaire original et remplacé, probablement vers la fin du dix-septième siècle, par *Theods*, lisez *Theodosius;* et sous *Theods* on distingue encore l'écriture primitive. En marge on lit la note suivante : *Tres nuncii religiosissimi missi a Theodosio magno.* L'écriture est du seizième siècle, sauf celle du mot *Theodosio,* qui a été tracé en surcharge sur *Karolo* vers la fin du dix-sep-tième siècle ou le commencement du dix-huitième. Le haut des hastes du *K* et de l'*l* de *Karolo* est encore visible.

La copie du seizième siècle qui porte à la Bibliothèque nationale le n° 9746 du fonds latin est antérieure à ces altérations du manuscrit du onzième siècle; le scribe a écrit (folio 71 v°) : *Venerunt nuncii regis Francorum nomine Carolus magnus.* Un correcteur du dix-septième siècle a voulu changer *Carolus* en *Theodosius;* mais son encre, plus noire que celle du premier scribe, laisse parfaitement lisible l'écriture primitive du manuscrit latin 9746.

Florentius, Medardus, Philibertus, tres sancti Dei religiosissimi, a Deo electi, atque prenominati ut nuntii essent ad Gradlonum ut deprecarentur illum propter Deum omnipotentem et Filium et Spiritum Sanctum et Christianitatem et baptismum ut citius veniret adjuvare obprorobrium (*sic*) Francorum et captivitatem et mise[riam eorum, quia virtus illi erat a Deo data, ut deleret genus paganorum per gladium Domini. Et vota voverunt illi xiiii civitates in terram Francorum, et hoc illi juraverunt jussione regis. Et ille spopondit ire propter jurationem illorum quod sibi juraverunt in ęternam hereditatem et semini suo. Idcirco erant ibi sanctus Chourentinus isdemque sanctus Uuinuualoęus ad conloquium regis atque in concilio. Ego Uuarhenus vir timens Deum commendo me ipsum sancto Uinuualoęo cum omnibus meis, id est corpus meum et animam meam et spiritum atque hereditatem, coram his testibus supradictis. Ego Gradlonus rex sancto Uuingualoęo hoc aff[i]rmo in dicumbitione aeterna. Amen. [Et qui frangere aut minuere voluerit a Deo cæli sit maledictus et dampnatus. Amen.

[f° 146 v]

[f° 147 r°]

[21]

DE LAN RIOC.

Haec memoria retinet, quod sanctus Riocus, cujus mater per virtutem sancti Uuingualoęi suscitata fuit a mortuis, omnem hereditatem sibi separatam ab omnibus parentibus spetialiter Deo et sancto Uuingualoęo obtulit in monachiam perpetuam. Idcirco se ipsum commendavit sancto Uingualoeo cum omnibus suis atque propriam hereditatem in æternam possessionem. Ego Gradlonus, gratia Dei rex, affirmo in Dei nomine in dicumbitione sancto Uuingualoęo pro anima mea. Et qui minuere aut frangere voluerit, a Deo sit maledictus, sit et dampnatus. Amen.

[22]

DE LAN RATIAN.

Hae literæ narrant, quod ego Gradlonus,] rex, tradidi de mea propria

[f° 147 v]

hereditate sancto Dei Ratiano[1] quandam tribum in Scathr, Ti Fentu, Bot Frisunin; atque terram quæ vocata est Lan Ratian, id est duodecim scripulos terræ; Tili Meuuer, Sent Iglur, Pencoett, in vicaria quæ vocatur Choroe; et Penn Guern in plebe Turch in hereditatem æternam. Sed isdem sanctus Ratianus propter cladem suae gentis deprecatus est Deum et sanctum Uuingualoeum, et sicut in aliis locis multis, ita et nunc exaudivit illum Dominus, quando custodivit locum ejus a supradicta mortalitate. Et ideo se ipsum commendavit sancto Uuingualoeo cum omnibus suis. Ego Gradlonus hoc affirmo in dicumbitione in aeterna possessione. Amen.

[23]

DE TIRIFRECHAN.

Ego Gradlonus rex veni usque Lanteguennoc ad sanctum . . . . .[2] [anni Domini[D] CCCC...[3] Indictiones X, concurrentes VII. Terminus paschalis... VIII kal. aprilis[4].

[f° 148 r°]

[24]

DE AECCLESIA SANCTUS.

In nomine Dei summi et amore regis superni, qui de virgine dignatus nasci pro redemptione generis humani. Quidam vir indolis clericus moribus ornatus stemate regalium ortus nomine Hepuuou, filius

---

[1] En marge, en écriture du dix-huitième siècle : «S. Ratianus.»

[2] En marge on a écrit au dix-septième siècle, à la suite de sanctum, le nom propre Guingaletum. Plus bas on lit en écriture du quinzième siècle : Nota defecit hic quidquam, et en écriture du dix-huitième : Hic desunt quædam folia. Le scribe qui au seizième siècle a exécuté la copie de la Bibliothèque nationale (manuscrit latin n° 9746) n'avait pas à sa disposition les deux feuillets manquants : on peut le voir au folio 72 v° de sa copie.

[3] Une rature d'une lettre précède la no-tation chronologique CCCC ; une rature d'environ cinq lettres la suit. Ces deux ratures existaient déjà au xviii° siècle, où l'on a écrit en haut de la marge : Scriptum fuerat anno DCCCC, etc. Elles remontent au moins au xvi° siècle, puisque la copie qui appartient à la Bibliothèque nationale, et qui forme le n° 9746 du fonds latin, nous offre (fol. 72 v°) une transcription de ce passage où les lettres raturées manquent.

[4] Comparez ces notations chronologiques avec celles qui se trouvent aux folios 150 r° et 156 v°.

Riuelen atque Ruantrec, qui cuncta despiciens terrena, modis omnibus cupiens adipisci cælestia, tradidit de sua propria hereditate sancto Uuingualoeo æcclesiam Sanctus spetialiter sibi a cunctis parentibus atque fratribus inclitis. Et idcirco ego Hepuuou confi[teor hodie coram Deo [f° 148 v°] primitus et coram altare sancti Uuingualoei atque coram domino abbate Benedicto et coram istis monachis, qui in circuitu meo sunt, quod ego comparavi ipsam æcclesiam Sanctus a fratribus meis de auro atque argento et caballis optimis; nec non et aliam terram meam propriam hereditatem dedi eis, ut esset michi specialiter in æternam hereditatem a cunctis fratribus meis, coram multis testibus Cornubiensibus nobilissimis : Uurmaelon, comes (*sic*) Cornubiæ; Huaruuethen, episcopo Sancti Chourentini; Benedicto, abbate Sancti Uuingualoei; Uruoet, abbate Sancti Tutguali; atque allis (*sic*) plurimis fidelibus. Et idcirco ego Hepuuou dó et concedo predictam [aecclesiam hodie sancto Uuingualoeo [f° 149 r°] in dicumbitione atque in æterna hereditate pro anima mea atque pro animabus parentum meorum sive vivorum atque defunctorum, ut ex rebus transitoriis, purgatis squaloribus facinorum, vera dispensatione supernæ pietatis regna merearer gaudiflua soliditate perpetuatis sancti Uuingualoei precibus assiduis. Et si aliquis temerarius fuerit qui hanc scriptionem frangere temptaverit, sciat se alienum fore a liminibus sanctæ Dei æcclesiæ, et partem ejus cum Dathan et Abiron, quos terra deglutivit, nec non et cum Juda et Pilato qui Dominum crucifixerunt. Terra sancta cymiterii non recipiat eum, et filii [ejus orfani sint, et uxor [f° 149 v°] vidua. Hoc pactum est in castello Monsteriolo in die dominico in claustro Sancti Uuingualoei coram multis testibus : Haelchodus, comes, ejusque filius Herleuuinus, testes; Benedic, abbas, testis; Ridetuuet, prepositus, testis; Martinus, decanus, testis; Caraduc, monachus, testis; Clemens, monachus, testis; Uuethenoc, monachus, testis; Heuchomarch, monachus, testis; Retchar, monachus, testis; Daniel, monachus, testis; Catuuaran, monachus, testis; Iohann, monachus, testis; Loesguoret, monachus, testis; Domin, monachus, testis; Dereic, laicus, testis; Hethmeren, laicus, testis; Hoelechet, laicus; et alii multi idonei, qui viderunt et audierunt, sicut scriptum est. Et qui bene conservaverit,

IMPRIMERIE NATIONALE

[f° 150 r°]

[a Deo cæli benedictus sit; et, quicunque frangere vel minuere voluerit aut prohibere, anathema sit in die judicii coram Deo et angelis ejus. Amen. Anno DCCCC^to · L · IIII · incarnationis domini nostri Jesu Christi. Epactæ XXV, indictiones III, concurrentes VII, terminus paschalis IIII° idus aprilis, in V^a feria pridie idus augusti, luna ipsius diei VII^a, annus embolismus[1].

[25]

DE BAHT VVENRANN[2].

In nomine sanctæ Trinitatis et unicæ Deitatis. Divina concedente clementia, Alanus, dux Britonum, videns sanctum corpus Uuingualoei exul a patria peregrinaturumque in aliena hostium crudelium perturbationis causa, et reminiscens Johannis evangelistæ verba : « Quicunque vi-

[f° 150 v°]

derit fratrem suum neces[sitatem habere, et clauserit viscera sua ab eo, quomodo caritas Dei manet in eo[3]? » verbaque sancti evangelii : « Quod uni ex minimis meis fecistis, michi fecistis[4]; » et, « Qui vos spernit, me contempnit[5], » et, « Qui dat pauperi, feneratur Deo, tribuensque parvum in hoc seculo comparat regnum æternum in futuro[6]. » His et aliis verbis mente timente, solidaque in Deo perscrutans omni intentione dispensatione regis superni suique miseratione : et idcirco Alanus, nutu Dei dux, qui, cuncta despiciens terrena, modis omnibus cupiens adipisci cælestia, tradidit de sua propria hereditate Sancto Uuingualoeo ejusque abbati Iohanni, quia vocavit illum infra mare atque invitavit. Et jusjurandum

[f° 151 r°]

juraverunt ejus fideles illi, [antequam venisset : hi sunt Amalgod atque

---

[1] Comparez ces notations chronologiques avec celles qui se trouvent au folio 156 v°. Le scribe auquel on doit la copie de la Bibliothèque nationale, fonds latin, n° 9746, a traité la date de l'Incarnation conformément au système qui a inspiré les ratures du folio 148 r° de notre manuscrit; il a écrit la date de l'Incarnation de la façon suivante, folio 73 v° : *Tempore quo vivebat sanctus Guengualoeus anno Domini CCCC . L . IIII incarnationis Do-*

mini nostri Jhesu Christi, substituant ainsi le cinquième siècle au dixième.

[2] Dans le manuscrit, *Vvcnrann,* avec un *c* au lieu d'un *e.*

[3] Première épître de saint Jean, chap. III, v. 17.

[4] Matth., xxv, 40.

[5] Luc., x, 16.

[6] Le texte que l'auteur de cette charte avait entre les mains n'était pas celui de la Vulgate.

Uuethenoc, super altare sancti Petri apostoli. Et iste Iohannes satisfactione deservivit inter barbaros plurimaque inter genera Saxonum atque Normanorum et necessariam multis vicibus assiduis pacemque trans mare atque infra mare ad gaudium nostrum nuntiavit. Et ideo propria jussit eum ordinare ad abbaticium supradicti sancti. Addidit quoque Sancto Uuingualoeo de sua propria hereditate, sicut supra diximus, specialiter sibi a cunctis parentibus inclitis, id est monasterium sancti Medardi ejusque terram, quatuor miliaria in longitudine, in latitudine duo miliaria, cum silvis et aquis et pratis, terrisque cultis et incultis et omnibus ei apendiciis; [et æcclesiam Sanctæ Crucis intus urbe cum omnibus ejus apendiciis, atque æcclesiam Sancti Cyrici extra civitatem; ejusdemque sancti æcclesiam, omnemque insulam, quæ nominatur Bath[1] Uuenran, cum omnibus ei apendiciis et dimidium unius vicariæ, quæ nominatur Sulsę, sita in pago Namnetensium, quinque miliario distans ab urbe; ejusque aecclesiæ dimidium cum omnibus ei apendiciis, ita etiam decimas vini sui et duas partes decimarum piscium et xx modios salis de teloneo vel censu suo[2]; atque modios xx tritici, decimasque numorum assidue, et teloneum vel censum[3] salis lib[ere], unoquoque anno, prefato Sancto Uuingualoęo ejusque abbati Iohanni in dicumbitione atque in hereditate perpetua pro stabilitate regni [et pro redemptione animæ suæ sive pro longevitate filiorum suorum atque pro animabus parentum suorum sive vivorum atque defunctorum. Ista misericordia facta, meditans more sapientis ventura, jussit hanc privilegionem facere, ut, si aliqui venturi sint, quod minime credimus, qui hanc scriptionem voluerint frangere aut violare, sciant alienos se fore a cunctis liminibus sanctæ Dei æcclesiæ, et sit pars eorum cum Dathan et Abiron, quos terra deglutivit, nec [non] cum Juda et Pilato qui Dominum crucifixerunt. Terra sancta eos cymiterii non recipiat et filii eorum orfani et uxores eorum viduæ. Hi sunt testes, qui audierunt et viderunt hæc omnia : Alan, dux; Iudhæel, comes; Iuthouen, archi-

[fº 151 vº]

[fº 152 rº]

---

[1] « Baz. » — Note marginale écrite au dix-septième siècle.

[2] Les mots *vel censu suo* en interligne.

[3] Les mots *vel censum* en interligne.

[f° 152 v°]

episcopus; Hedrenn, episcopus; Blenliuett, episcopus; Houuel, comes; Vuerec, Nuuenoẹ, Saluator, episcopus; Iestin, vicecomes; Diles, vicecomes; Pritient, Uuethenoc, Amalgod, Amhedr[1], Chenmarchoc, Nut, Huon, Moysen, et alii plurimi fideles, qui viderunt et audierunt testimonium, sicut scriptum est. Et qui frangere aut minuere voluerit, ira Dei incurrat super eum et anathema sit. Amen.

Post obitum Alani, ego Tetbaldus, nutu Dei comes, hoc idem affirmo, sicut supra dictum est.

[E]go Joseph, toronensia urbe pastor, hoc affirmo.

Ego Fulcun, gratia Dei comes, ita etiam hoc affirmo, in tantum ut michi pertinet, sicut supra scriptum est.

[f° 153 r°]

Alanus dux jussit Hedrenno, episcopo, construere hanc cartam, [et dedit Sancto Uuingualoeo ejusque abbati Iohanni sicut supra diximus in dicumbitione æterna. Et qui hoc frangere presumpserit, ira Dei et sanctorum offensa incurrat super eum in presenti seculo, et insuper in futuro ante tribunal Christi rationem reddat. Amen.

[26]

DE PLEBE HAMVC[2]. DE INSVLA THOPOPEGIA.

Ego Gradlonus, nutu Dei rex, cum audirem quosdam christicolas habitantes in insula Thopopegya, per fidelem nuncium meum do sancto Uuingualoeo suisque condiscipulis secum Deo servientibus prefatam insulam Thopopegyam[3], Lan Meren et Silin, et vineam in dicumbitione perpetua usque ad petram quæ dicitur Padrun sancti Uuingualoei, in qua sculptum est signum sanctæ Crucis, Chei Chnech[4] Samsun, Rann Rett, Rann Ret Ian, dimidiam partem[5] Caer Liver, Tnou Melin, Caer

---

[1] Le *h* d'*Amhedr* est un signe abréviatif placé au-dessus du mot et de forme à peu près identique à celle du *h* interlinéaire irlandais dans le *Leabhar na hUidhre,* manuscrit de la fin du onzième siècle.

[2] «De plebe Hanvec.» — Cette note a été écrite en marge au dix-septième siècle.

[3] «Hodie Tibidi.» — Note écrite en marge au dix-septième siècle.

[4] *Chnech* est en interligne, de la même écriture que le texte.

[5] «En Hanvec.» — Note marginale du seizième siècle.

Mel, [Diri Muur, Lan Uoę, Gulet Iau, Penn Ros, in dicumbitione [f° 153 vᵉ] eterna. Amen.

[27]

DE PLEBE CASTELLO.

Hae literæ servant, quod quidam vir nobilis Eucat nomine emerat sibi hereditatem pretio multo, quæ dicta est Ros Eucat. Cum autem teneret eam sine tributo et censu alicui homini, dedit unam villam no- mine Lan Eluri sancto Uuingualoeo in dicumbitione aeterna. Amen.

[28]

DE EADEM.

Erat nobilis quidam transmarinis parentibus et locuplex nimis rebus nomine Rett, qui emptam sibi habebat possessionem, quam nominavit proprio vocabulo Talar Rett. Et postea, volens aput Deum habere in- tercessorem, dedit sancto Uuingualoeo unum sestarium frumenti et unum cabonem et duo casea de unaquaque domo ipsius possessionis in unoquoque anno in pridie nativitatis Domini usque in Lanteuuennuc [f° 154 rᵉ] pro redemptione suæ animę et in sepultura sua parentumque suorum istud debitum solventium [1].

[29]

DE PLEBE ERMELIAC.

Fuerunt duo ex discipulis sancti Uuingualoei in pago Enfou in Ploe Ermeliac, nomina eorum sanctus Biabilius et sanctus Martinus, jussu abbatis sui degentes vitam heremiticam, et in finem claris miraculis sancti effecti. Quorum possessio fuit, duo Ros Meuur[2] An-Cloedou Caer Cunan, Ros Maeloc.

---

[1] Le long de ce paragraphe, sur la marge gauche du folio 153 v°, on lit la note suivante, écrite probablement au douzième siècle, et fort endommagée par le ciseau du relieur : «.....Thou Elorn. ...you et uxor ejus..... at dederunt unum [are]pennum (*en inter- ligne* [c]emer) terre pro [ani]ma Doener filii sui ..... sancto Wingualoeo. Dederunt Maeluguno [et fi]liis suis ut redderent usque ad finem denarium (*ou* ... denarios) per singulum ..... ad vigiliam Sancti Mi- chaelis. »

[2] « Rosmoduc en Longomarty en Irvillac. » — Note marginale du dix-septième siècle.

[30]

DE PLEBE ROS LOHEN ET INSULA TERENES.

Insulam, que dicitur Dant Enes, id est Terenes[1], eo quod Maeluc Dant Hir, pater Pritient Liusuc, dedit sancto Uuingualoeo, quando eum liberavit ab infirmitate dentis sui horrend[a], cujus divisio insulæ a mare est usque ad mare, absque ullo umquam he[rede in æterna possessione, Laedti, Guolchti, Aethurec Rethcar, et terciam partem æcclesiae, Lan Coett, v villas, Castell, ııı villas[2].

[fº 154 vº]

[31]

DE PLEIBEN.

Sepultura Pritient Blehuc, Lechuc, dimidiam partem Caer Restou, et ipse dederat istam Caer Restou[3].

[32]

DE EADEM.

Sepultura Pritienti, patris Mormani, Caer Tanett.

[33]

DE EADEM.

Harn Meini dedit Emnuc, Busitt Sent Uuarhen, Lan Uuethnoc.

---

[1] «Poulbehan.» — Note marginale du dix-septième siècle.

[2] «[A]Fradou minam frumenti. [A]Brinliguet an-Parc xv nummos. Gleucuu filius Butheuel minam [frumen]ti. De terra Terenes sextarium frumenti.» — Note marginale du xııe ou du xıııe siècle.

«De Caer Wenguethen. mina frumenti et tercia pars decimæ cujus heres est Rudaldus vicarius.» — Note interlinéaire écrite au treizième siècle.

[3] «Contencio fuit super quibusdam terris apud Pleiben in Tnou Barroc inter filios Hervei Hormanni et suos ex una parte scilicet Eudonem, filium Haelguthen, qui erat primogenitus eorum, et Eudonem, [fi]lium Rivalloni calvi et [con] sanguineos suos. Dicti [fi]lii Hervei et Eudo Halgueth[e]n et Guidomarus An-Sparll optinuerunt terram quam petebant per judicium aque frigide apud Sanctum Wingualoeum a filio Rivalloni et suis. Et ideo dicti Eudon et Guidomarus An-Sparll et sui concesserunt Sancto Wingualoeo in perpetuum decimas cujusdam Kempenet qui est super Gouen Tnou-Barroc. Tunc [e]rat abbas Sancti Wingualoei [R]ivallonus de Fou,

[34]

DE BRATBERTH.

Rudheder, Carrent Luphant, Caer Niuguinen, Caer Thnou.

[35]

DE CUMMANNA IN PLEBE BERRIUN.

Caer Budian, Trefgellan, vi villas.

[36]

DE VILLA THNOV SVLCAT.

Hic narratur quod Uuenlouen filia Edmeren, et filia Uuenruant [cupiebat ex multis temporibus videre locum sancti Uuingualoei qui vocatur Lanteuuennoc. Vidit et introivit. Et idcirco dedit unam villam, ex quo in aecclesia, super altare sancti Uuingualoei pro anima sua atque pro animabus parentum ejus sive vivorum atque defunctorum, quæ vocatur Thnou Sulcat, sancto Uuingualoeo in dicumbitione atque in æterna hereditate pro Dei amore coram multis testibus. Et, qui frangere aut minuere voluerit, maledictus sit a Deo atque ab angelis ejus. Et, qui bene conservaverit hanc donationem, benedictio Domini super eum sit. Amen.

Ego Budic, comes Cornubiensis, hoc affirmo sancto Guinuualoeo, et, quod michi pertinet, liberum sit. Amen.

[fº 155 rº]

[37]

DE VILLA LANCOLVETT.

[Hae litteræ conservant, quod, cum transiret sanctus Uuingualoeus per domnonicas partes et venisset trans flumen Coulut, tendens ad occidentem partem, deprecabantur ut imponeret manum cuidam languido illorum. Quem statim sanavit aqua sanctificata ex fonte quem illico dederat illi Dominus. Illi vero dederunt ei locum, ubi postea mo-

[fº 155 vº]

Riocus, Uruoet, Herveus Godoc, monachi. Eudon, filius [H]elguethen, et Guidomarus An-[Sp]arll dederunt in saisinam pro decima [i]lla viii denarios in duabus vicibus. » — Note marginale écrite au treizième siècle.

nasteriolum fecerunt fratres in honore sancti Uuingualoei. Divisio istius possessiunculæ est a mare usque ad mare, sicut nobiles heredes diviserunt, ita tamen ut in loco eadem agatur opus divinum sub cura et subjectione abbatis loci Sancti Uuingualoei.

[38]

DE TRIBV LAN VVIVRETT.

Haec memoria retinet, quod felix et nobilis comes Euuenus nomine dedit sancto Uuingualoȩo tribum quandam nomine Lan sancti [Uuiuureti, xii villas, cum omni debito et decima et omnibus ei apendiciis, Laedti superior et Laedti inferior, Caer Guingualtuc, cujus divisio est usque ad flumen Helorn; Caer Menedech : divisio ejus est ad occasum; Rodoed Carn id est vadum corneum[1] : divisio ad orientem et ruga quæ pergit contra meridiem.

[f° 156 r°]

[39]

DE TRIBV LANRIVVOROE.

Haec descriptio declarat, quod sanctus Morbretus habuit colloquium aput Sanctum Uuingualoeum, cui et se ipsum et beneficium, quod eidem sancto Morbreto dedit Evenus comes, qui dictus est magnus, et omnia quæ habuit perpetualiter, ut illum aput Deum haberet intercessorem, commendavit, quia illius nomen illis diebus cælebre habebatur. Quod beneficium dicitur Lan Riuuole cum omni debito et decima et omnibus ei apen[diciis : Languenoc, hereditas sancti Uuenhaeli, qui primus post sanctum Uuingualoeum abbas fuit; Lan Decheuc, Caer Tan, Ran Maes, Caer Galueu, super flumen Helorn.

[f° 156 v°]

Anno DCCCC[ti].L.V. incarnationis Domini nostri Jhesu Christi, ȩpacte XXV, indictiones III[2], concurrentes VII, terminus paschalis IIII[to] idus aprilis, in VII[a] feria pridie kal. aprilis, luna IIII[a], annus embolismus[3].

---

[1] Les mots *id est vadum corneum* sont une glose interlinéaire.

[2] Au treizième siècle un correcteur a écrit sur la marge droite : «I[n]d[ictiones] XIII.»

En effet XIII est l'année de l'indiction qui correspond à l'an de Jésus-Christ 955.

[3] Cette charte est datée du samedi 31 mars 955. Comparez les notations chronologiques

[40]

DE TRIBV NEVVED.

In nomine Dei summi et amore regis superni, qui de virgine dignatus nasci pro redemptione generis humani. Quidam vir indolis, moribus ornatus, stemate regalium ortus, nomine Moysen, qui, cuncta despiciens terrena, modis omnibus cupiens adipisci cælestia, tradidit de sua propria hereditate sancto [Uuingualoeo spetialiter sibi a cunctis parentibus inclitis nomine Tref Neuued[1] cum silvis et pratis terrisque cultis et incultis et omnibus ei apendiciis, sitam in pago Brouuerec, in vicaria Carantor, sancto Uuinuualoęo in dicumbitione atque in hereditate perpetua pro stabilitate regni et longevitate vitę magisque pro redemptione animę, ut ex rebus transitoriis, purgatis squaloribus facinorum, vera dispensatione supernæ pietatis regna mercaret gaudiflua soliditate perpetuitatis sancti Uuingualoei precibus assiduis. Et si aliquis temerarius fuerit, qui hanc scriptionem infrangere temptaverit, sciat se alienum fore a liminibus sanctæ Dei æcclesiæ, et pars ejus cum Dathan et Abiron, quos terra deglutivit, nec non [cum Juda et Pilato, qui Dominum crucifixerunt. Terra sancta et cymiterii non recipiant, et filii eorum orfani et uxores viduæ. Hoc pactum est coram multis testibus in Namnetica civitate, sicut supradiximus, Deo opitulante eidemque Iudhael, comite, affirmante. N. signum Numinoę, comitis. Signum Hedren, episcopi. Signum Iestin, vicecomitis. Signum filii. Signum Uuethenoc. Signum Rotberth. Signum Clemens.

[f° 157 r°]

[f° 157 v°]

[41]

DE TRIBV LVE BVSITT CUM SUIS TERMINIS.

Ista presens carta indicat, quod sanctus Conocanus confessor cum sancto Uuingualoeo habuit colloquium spiritale de salute animæ, et

---

qu'elle contient avec celles qui se trouvent aux folios 148 r° et 150 r°. Le copiste qui a écrit le manuscrit latin 9746 de la Bibliothèque nationale a mis cette charte au cinquième siècle, en écrivant la date de l'Incarnation CCCC·L·V au lieu de D·CCCC·L·V.

[1] «Neuet.» — Note marginale écrite au dix-septième siècle.

IMPRIMERIE NATIONALE

[f° 158 r°]

postea commendavit se ipsum ei et omnia que habebat : silicet totam illam possessiunculam quam a rege[1] Hyliberto jamdudum prisco tempore sibi in dicumbitione æterna acceperat [cum omni debito et decima et omnibus ei apendiciis super flumen Helorn, sicut divisio illius possessionis declarat per circuitum a meridie ultra predictum flumen. Ab aquilone apprehendit aliam possessiunculam, quæ dicitur Langurdeluu, et totum usque ad illam ab oriente ultra rivulum nomine Pene usque ad visionem claustri Sancti Huardon, ab occidente[2] ultra rivulum, super quem monachi, postquam adduxerunt per claustra, fecerunt sibi molendinum. Istum pactum ita affirmaverunt sanctus Uuingualoeus et sanctus Conocanus in eodem loco, ut ibidem semper esset coadunatio fratrum spiritalium, quantum sufficeret secundum possibilitatem loci, sicut postularet tempus aut res sub cura et precepto abbatis monasterii Sancti Uuingualoei perpetualiter. Sanctus

[f° 158 v°]

itaque Conocanus, [confessor Domini fidelissimus, monasterium suum construxit ædificationibus, officinis, claustris, munitionibus largis aeternaliter sine aliquo herede infra omnes munitiones neque intus omnia claustra.

Lan Loesuc cum omni debito, excepta tercia parte decimę, in dicumbitione perpetua cum tributum est tres solidos per singulos annos; Caer Scauuen, Machoer Pull Bud Mael.

[42]

DE PLEBE DINEVLE.

In nomine Dei summi et amore regis superni, qui de virgine dignatus nasci pro redemptione generis humani. Ego quedam mulier indolis, moribus ornata, stemate regalium orta, nomine Iunargant, quæ cuncta despicio terrena, modis omnibus cupio adipisci cælestia, dó et concedo

[f° 159 r°]

de mea [propria hereditate Sancto Uuingualoeo spetialiter michi a cunctis

---

[1] Au treizième siècle on a écrit en marge : «De R[ege] anno DCC, [pri]us sive tempore sancti Martini quo decessit.» — Cette note est écrite en deux lignes; le commencement de chacune d'elles a été endommagé par les ciseaux du relieur.

[2] «A Landernntau.» — Note du dix-septième siècle.

parentibus inclitis quandam plebem nomine Dineule[1] cum silvis et aquis, pratis terrisque cultis et incultis, et omnibus ei apendiciis Sancto Uuingualoeo in dicumbitione æterna i[n] hereditate perpetua pro stabilitate regni et longevitate vitæ meæ magisque pro redemptione animæ, ut ex rebus transitoriis, purgatis squaloribus facinorum, vera dispensatione supernæ pietatis regna mercarer gaudiflua soliditate perpetuitatis sancti Uuingualoei precibus assiduis. Et si aliquis temeratus fuerit, qui hanc scriptionem frangere temptaverit, sciat se alienum fore a liminibus sanctæ Dei æcclesiæ, et pars ejus cum Dàthan et Abyron nec non cum Juda et Pilato, qui Dominum crucifixerunt. Terra sancta [cymiterii non recipiant (*sic*), et filii eorum orfani et uxores viduæ. Signum Budic[2], comitis. Signum Salvator, episcopi. Signum Alfrett, archidiaconi. Signum Alfrett, fratris comitis; Agustin, presbiteris; Bidian, Saluten, Urfer, Heianguethen, Gurcar, Guethencar, Daniel, et aliorum plurimorum fidelium testium.

[f° 159 v°]

[43]

DE VILLIS QVAS DEDIT DILES VICECOMES[3].

In nomine Dei summi et amore regis superni, qui de virgine dignatus nasci pro redemptione generis humani. Quidam vir nobilis, moribus ornatus, stemate regalium ortus, nomine Diles, qui, cuncta despiciens terrena, modis omnibus cupiens adipisci cælestia, tradidit de sua propria hereditate Sancto Uuingualoeo spetialiter sibi a cunctis parentibus [inclitis Caer Meluc, Caer Meneuc, Cnech Uuenuc, Caer Blechion, sita in vicario Plueu Eneuur[4], Tnou Laian, Caer Carian Hæ Silin, dimidiam partem Silin Guenn; in Buduc Les Buduc, Caer Bili, Caer Pilau, Caer Mehin, Caer Scoeu in Pumurit[5], molina Corran cum scripulo terræ, Duur Ti, Tref Cunhour in pago Fuenant. Ego Diles haec omnia dó et

[f° 160 r°]

---

[1] «Dineaul.» — Note du dix-septième siècle.

[2] «Budic régnoit l'an 422 an Brit. fol. 49°.» — Note marginale du dix-septième siècle.

[3] La syllabe *mes* est rejetée à la fin de la ligne précédente, suivant l'usage irlandais.

[4] «Plomeur à Annern.» — Note marginale du dix-septième siècle.

[5] «Pumerit.» — Note marginale du dix-septième siècle.

concedo Sancto Uuingualoeo in dicumbitione atque in hereditate perpetua pro redemptione animæ meæ. Et, qui frangere aut minuere voluerit hanc meam donationem et elemosinam, anathema sit in die judicii coram Deo et angelis ejus, nisi digna satisfactione emendare voluerit. AMHN [1].

[44]

DE VILLA VVRICAN.

[f° 160 v°]

[Hae literae narrant, quod Alarun dedit unam villam Sancto Uuingualoeo pro anima sua in dicumbitione atque in hereditate perpetua, id est Caer Uuitcan, quæ accepit in ditatione, id est enep guerth, a viro suo Diles, filio Alfrett. Et idcirco æternaliter hoc permaneat quandiu christiana fides in terra servabitur. Et, qui frangere aut minuere voluerit, sciat se alienum fore a liminibus sanctæ Dei æcclesiæ, et pars ejus cum Dathan et Abyron, et ira Dei incurrat super eum hic et in futuro. Amen.

[45]

DE VILLIS QVAS DEDIT BVDIC COMES.

Hæc memoria retinet, quod Budic, comes, cæcidit in infirmitatem, febrium pondere jacebat, prem[eb]atur, patiebatur valde. Et idcirco perrexit quousque Lanteuuennoc adorare sanctum Uuin[gualoeum, et ibidem per virtutem beati Uuingualoei accepit sanitatem, et ideo tradidit de sua propria hereditate Sancto Uuingualoeo spetialiter sibi a cunctis parentibus inclitis IIII[or] villas, silva Carrec duas in vicario Eneuur, Caer Bullauc, in vicario Demett, Caer Uuenheli. Et iterum tradidit alia vice Caer

[f° 161 r°]

« In villa [que] dicitur Ch.....gueleu...
« Juxta.....territorium.....in Les Na...uuor ded[it] Riou filius [Guio]mar mi[nam] frumenti [sancto] Guingua[loeo] quia eum g[ravi] morbo liber[avit].
« Item desa..... filius Harsch..... dedit xx..... duos solidos ..... de Caer Fee ..... sancto Guingu[aloeo].

« Similiter Saluden mil[es] quidem dedit deci[m]as de Carluoe duorum hominum s[ancto] Guigaloeo. » — De Carluoe a été écrit en interligne au-dessus de duorum hominum barré.
« Agacha quoque filia Rivaloni, filia Ca...ret dedit duas minas frumenti ..... villa prati in Pl...castel. » — Notes écrites en marge au treizième siècle.

Dabat. Haec omnia Sancto Uuingualoeo in dicumbitione atque in hereditate perpetua; quandiu christiana fides in terra servabitur, hoc permaneat aeternaliter. Et, qui frangere aut minuere voluerit, anathema
sit in die judicii. Amen.

[46]

DE PLEBE EDERN [1] QVAM DEDIT IDEM COMES MORIENS.

Haec cartula custodit, quod Budic, nobilis comes, tradidit Sancto
Uuingualoeo de sua propria [hereditate vicarium unum Edern[2] nomine   [f° 161 v°]
pro sui redemptione suorumque omnium utrorumque sexuum in sepulturam suam totum omnino, sicut ipso vivente tenuerat. Sic affirmavit
dicens : Quisquis hoc custodiendo servaverit, Dominus custodiat eum
ab omni malo; custodiat animam tuam Dominus[3]. Amen. Si quis vero
temere frangere aut minuere voluerit, de libro viventium et cum justis
non scribatur. Sit pars ejus cum Dathan et Abiron, quos terra deglutivit, nec non cum Juda et Pilato, qui Dominum crucifixerunt. Hujus
donationis testes sunt plures : Alan dux Britannię, qui obitui ejus affuit,
testis; Benedictus, episcopus, filius istius Budic, testis; Cadnou, abba
Sancti Uuingualoei, testis; Euhuarn, vice[comes, testis; Saluten, testis;   [f° 162 r°]
Riuuelen, testis; Blinliuguet, testis; Catguallon, testis; Moruuethen,
testis.

[47]

DE TRIBV IVLITT.

Istæ litteræ narrant, quod Benedictus, comes et episcopus parcium
Cornubiensium, ipso moriente, dedit Sancto Uuingualoeo quandam
tribum nomine Tref Iulitt[4] in vicario Eneuur, suam sepulturam pro redemptione animæ suæ et omnium suorum vivorum ac mortuorum in
dicumbitione æterna. Qui custodierit hoc donum, a Deo cæli sit bene-

---

[1] «Edern.» — Note marginale du dix-
septième siècle.

[2] «Edern.» — Note marginale du dix-
septième siècle.

[3] Psaume cxx, v. 7.

[4] «Trefily dans Plomeur.» — Note marginale du dix-septième siècle.

dictus; qui vero frangere aut minuere voluerit, a Deo cæli sit maledictus, nisi digna satisfactione emendaverit. Amen. Hujus rei testis est Alanus, comes. Orscandus, episcopus, testis; Licamanu, testis; Caradoc, testis; Haerueu, testis; Bili, testis; Telent, testis; [Gradlon, testis.

[f° 162 v°]

[48]

DE TRIBV TVDVC.

Haec carta indicat, quod Alanus, comes nobilis Cornubiensium partium, pro redemptione animæ suæ et longevitate utriusque vitæ, cum ambulaturus in adjutorio Alani, ducis Britanniæ, contra Normannos properaret, dedit Sancto Uuingualoeo quandam tribum nomine Tref Tudoc in Plueu Neugued in Pou per affirmationem suæ nobilissime conjugis Iudett nomine militumque suorum, coram multis testibus: Gurlouuen, monachus Sancti Uuingualoei, testis; Uhelueu, presbiter, testis; Maelucun, presbiter, testis; Loesuuethen, presbiter, testis.

[49]

[f° 163 r°]

Hæ litteræ narrant, quod dedit Alanus, comes, Caer Millæ Sancto Uuingualoeo in dicumbitione, [quia in quadam vice adjuvit eum de[1].

[50]

Notum sit omnibus tam presentibus quam posteris, quod Alanus, Britannie comes, dedit Sancto Guingualoeo pomarium quod habebat situm juxta Castrum, quod vocatur Castellin[2], et sclusam cum molendinis in ea sitis, et totam piscaturam sibi apendentem, in elemosinam pro anima sua et parentum suorum. Hanc donationem firmavit ipse comes in capitulo supradicti sancti, et posuit manu sua super altare coram testibus, quorum nomina hec sunt: Guillelmus, qui eodem anno susceperat abba-

---

La fin de cette notice n'a pas été écrite. L'écriture des cinq paragraphes suivants est plus récente. Celle du paragraphe 51 paraît dater de la fin du onzieme siècle; celle des paragraphes 50, 52 et 54 semble appar-tenir au douzième siècle; celle du paragraphe 53 peut être mise au treizième siècle.

[2] On lit sur la marge de gauche *Castellin* en écriture du xvi° siècle; sur la marge de droite *Menehom* en écriture du xvii° siècle.

iam ejusdem loci, testis; Moruanus, monachus, testis; Guecun, mona-
hus, testis; Orscant, monachus, testis; Redoredus, monachus, testis; et
mnis congregatio; Benedictus, episcopus Namnetensis, testis; Riuallo-
ius, monachus Sancte Crucis, testis; Louenan, filius Dunguallun;
iuegun, abbatt Tudi; Guihomarc, filius Ehoarn; Gormaelon, filius
laerueu.

[51]

[Notum sit lectori, quod Justinus, abbas Sancti Guingualoei una cum   [f° 163 v°]
iua congregatione concessit, ut Christo in hospicio[1] ad opus peregri-
norum egenorumque daretur tercia pars decimę tribus Petran villaque
Haldeberti cum omni suo debito, acceptis dę Briencio, predicti hospicii
iervitore, in signo karitatis septem solidis, ut illud donum sempiternum
ieneretur. Qui autem hoc destruet, sciat se auditurum esse Dominum
dicentem : Hospes fui et non collegistis me[2]. Hoc fuit factum in capitulo,
audientibus et annuentibus cunctis fratribus: Sausoiarno, Gurloeno,
Hedro et Rodaldo de Sancto Melanio; et monachis Sancti Salvatoris :
Guegono, Heloco atque Hehoiarno, qui cum ipso abbate erant; Redo-   [f° 164 r°]
redo autem, Gudiano, Johanne, Uruodio, Orscando, [Jonas, Jacob,
Adorico, Stephano, Daniel, Lancelino.

[52]

De terra Guecun, filii Alliou, et de terra Telent Bastart fit quesitus
tribus de causis singulis annis : videlicet cum census consuli datur, aut
cum onos vel tesaurus emitur, aut ex vadimonio solvitur, vel cibis sup-
plementum cum victualia domi deficiunt. Et hec tria ex toto territorio
sancti nobis debentur.

[53]

Notum sit tam presentibus quam futuris, quod Seluester falterius,

[1] Le h du mot *hospicio* est interlinéaire et de la même forme que dans les manuscrits irlandais de ce temps-là.

[2] Évangile de saint Matthieu, chap. xxv, v. 43. La Vulgate porte : «Hospes eram.»

fratribus suis annuentibus, dedit Sancto Wingualoeo terram Penkarn
liberam et inmunem ab omni censu preter a censu consulis et preter
hoc quod, cum homines Sancti Wingualoei in servitio consulis ierint,
omnes homines Sancti Wingualoei de Qlebe (*sic*) Cletuen cum eo in
jussione sua et sub sua tutela cum suis aliis hominibus in servitio consulis ierint, et preter hoc quod quidam locus supra mare justa Tolmaen concessus fuit illi, si vellet, ad turrim instruendam, et si domus
facta fuerit, capellaniam illius domus et omne quod ad ecclesiam pertinet Sancto Wingualoeo concessit. Fraternitas domus Sancti Wingualoei
concessa est predicto Seluestri et suis fratribus, et cum ad fraternitatem
unusquisque eorum voluerit venire, cum suis divitiis est ei statutum venire.

[54]

[f° 164 v°]

[1] Riuelen Mor Marthou.

[2] Riuelen Marthou.

[3] Concar.

[4] Gradlon Mur.

[5] Daniel Drem Rud Alammanis rex fuit.

[6] Budic et Maxenri duo fratres.

[7] Iahan Reith. Huc rediens, Marchel interfecit, et paternum con-
sulatum recuperavit[1].

[8] Daniel Unua.

[9] Gradlon Flam.

[10] Concar Cheroenoc.

[11] Budic Mur.

[12] Fragual Fradleoc.

[13] Gradlon Plueneuor.

[14] Aulfret Alesrudon.

[15] Diles Heirguor Chebre.

---

[1] La phrase qui commence par *Huc* et se termine par *recuperavit* est une addition. Elle
se trouve un peu au-dessus de la ligne et paraît dater du treizième siècle.

[16] Budic Bud Berhuc[1].

[17] Binidic.

[18] Alan Canhiarh.

[19] Houel Huuel[2].

[55]

Festum ecclesie Sancti Guygualoei in insula, que Thopopegia vulgariter dicitur, est in omni anno dominica prima junii, qua die visitantibus predictam ecclesiam sunt magnae indulgencie concesse[3].

[56]

Guillelmus et Crehuen sua conjux et filius suus pro sanitate filii sui dederunt terram in Pengilli Sancto Guuingualoeo in disconbicione eterna omni debito liberam, et de qualibet domo illius terre unum denarium in festivitate sancti Guingualoei[4].

[57]

[G]ulelmus filius Gormael et Agaz sua [u]xor sunt recepti in fraternitate istius domus, et illi dant karitative singulis annis pro se ipsis et pro filiabus [s]uis Creuen, id est Domech Julian, duo sextaria [fr]umenti in discumbitione eterna Beato [G]uingualoeo et xii denarios[5].

---

[1] Les mots *Bud Berhuc* sont une addition d'une autre main, probablement du douzième siècle.

[2] *Huuel* est une addition d'une autre main, probablement du douzième siècle, la même que celle qui a écrit *Bud Berhuc*.

[3] Ce paragraphe a été écrit au seizième siècle (f° 164 v°).

[4] Notice écrite au douzième siècle, en marge du folio 3 v°.

[5] Notice écrite au treizième siècle, en marge du folio 3 v°. Le ciseau du relieur a enlevé quelques lettres que nous avons restituées entre crochets. Suivent six lignes trop mutilées pour que nous essayions de les reproduire.

INDEX.

Abbatt, abbé, 50[1].

ADORICUS, *testis*, 51.

AELAM, abbé de Landévennec, le cinquième sur la liste, 1; le quatrième chez M. Hauréau, *Gallia christiana*, t. XIV, col. 895 E. où il est appelé *Ælamus, alias Alanus.*

AETHUREC RETHCAR, localité dépendant de Ros-Lohen, 30.

AGACHA, fille de Rivalonus, 43; note du XIIIᵉ siècle.

AGAZ, femme de Gulelmus. 57 (écrit au XIIIᵉ siècle).

AGUSTIN, prêtre, 42.

ALAMMANI, peuple, 54.

ALAN, *dux*, 25, Alain IV Barbe-Torte, duc de Bretagne (938-952).

ALAN dux Britanniẹ qui obitui ejus (Budic) *affuit*, 46. Voir ALANUS *dux Britanniæ*, 48.

ALAN CANHIARH, le dix-huitième sur la liste des comtes de Cornouaille, 54; né vers 975, mort en 1058 (*Biographie bretonne*, t. I, p. 467). Voir ALANUS *comes*, 47, 48, 49.

ALANUS *comes*, 47, 49; ALANUS *comes Cornubiensium parcium*, 48. Alain, comte de Cornouaille, fils de Benedictus; le même qu'*Alan Canhiarh*.

ALANUS *Britannie comes*, 50, Alain VI, Fergent (1084-1112).

ALANUS *de Doulas*, abbé de Landévennec, mort en 1371; le trente-huitième sur la liste, 1; le trente-quatrième dans la *Gallia christiana*, t. XIV, col. 898 A; abbé depuis 1363, (*ibid.*).

ALANUS *dux Britanniæ*, 48. Alain V, duc de 1008 à 1040 (*Biographie bretonne*, t. I, p. 16, 17).

ALANUS *dux Britonum*, 25. Voir ALAN, *dux.*

ALANUS *Piezresii*, abbé de Landévennec, le trente-sixième sur la liste, 1; le vingt-neuvième dans la *Gallia christiana*, t. XIV. col. 897 C, où il est placé immédiatement après *Joannes du Parch* (*Johannes dictus porcus*).

ALARUN, femme de Diles fils d'Alfrett, 44.

ALESRUDON (Aulfret), comte de Cornouaille. 54.

ALFRETT, frère du comte, 42.

ALFRETT, archidiacre, 42.

ALLIOU, père de Guecun, 52.

ALVARPREN, localité dépendant de Crauthon. 8.

AMALGOD, nom d'homme, 25.

AMHEDR, *testis*, 25.

An et *ann* en breton «le, la, les», dans *An-Busit, Pen-ann-aut*, etc.

AN-BIRIT, 18; note du XIIIᵉ siècle.

AN-BUSIT, 18; note du XIIIᵉ siècle; proba-

---

[1] Ce chiffre et les autres chiffres de renvoi contenus dans cet index reproduisent les numéros des paragraphes placés entre crochets en ligne perdue.

blement Beuzit, près de Landremel et
de Gouézec.

An-Cloedou Caer Cunan (Ros Meuur —),
29.

An-Kelihuc (Terra), 18; note du xii⁰ siècle.

An-Kelioc, 18; note du xiii⁰ siècle; pour
Terra an-Kelioc, localité identique à la
précédente.

An-laedti, *villa*, 14.

An-Luch, 18; note du xiii⁰ siècle.

An-Maguaerou (Lan Guegon), 18; note du
xiii⁰ siècle.

ann-, «le, la, les», dans *Pen-ann-aut*.

An-Parc (Brinlinguet), nom d'homme, 30;
note du xiii⁰ siècle.

An-peliet (Run), 18; note du xiii⁰ siècle.

An-Porht Gludoc, 18; note du xiii⁰ siècle.

An-Prunuc (Terra), 18; note du xii⁰
siècle.

An-Sparll, surnom de *Guidomarus*, 31; note
du xiii⁰ siècle.

An-Staer, 18; note du xiii⁰ siècle.

An-Vastardou (Terra), 18; note du xii⁰
siècle.

Ar[ch]el (Plebs), 7; note du xiii⁰ siècle. Voir
Archol.

Archol (Plebs) et Arcol (Plebs), 7; Argol,
commune du canton de Crozon, arrondissement de Châteaulin (Finistère).

Ardian (Tref), 18.

Argant «argent», dans *Guenn-argant, Jun-
argant*.

Armaelus de Villanova, abbé de Landévennec, le trente-septième de la liste, 1; le
trente-troisième dans la *Gallia christiana*,
t. XIV, col. 898 a, où il est appelé *Artz-
melus de la Villenean*, né à Langueux
(diocèse de Saint-Brieuc).

— *auc*, suffixe, dans *Bullauc*.

Aulfret Alesrudon, le quatorzième sur la
liste des comtes de Cornouaille, 54.

Aut «rivage», dans *Pen-ann-aut*.

Baht Vvenrann, 25. Voir Bath.

Barroc (Tnou), 31; note du xiii⁰ siècle.

Bastart «bâtard», surnom de *Telent*, 52.
Cf. *Vastardou*.

Bath Uuenran, *insula*, 25; Batz, commune
dans la presqu'île du Croisic, canton de
l'arrondissement de Savenay (Loire-Inférieure).

Baz, 25; note du xvii⁰ siècle. Voir Bath.

Bea...os (Kaer), 18; note du xiii⁰ siècle.

Beat, nom d'homme, dans Caer Beat, 11.

Benedic, abbé de Landévennec, le septième
sur la liste, 1, 24; le cinquième dans la
Gallia christiana, t. XIV. col. 896 a; paraît comme témoin (24) sur une charte
datée de 954.

Benedictus, 24, le même que Benedic.

Benedictus, évêque [de Quimper], fils du
comte Budic, 46; le même que le suivant.

Benedictus *comes et episcopus parcium Cornubiensium*, 47. Évêque de Quimper
jusque vers 1022 (*Gallia christiana*,
t. XIV, col. 875 b); identique à Binidic, dix-septième comte de Cornouaille,
54.

Benedictus *episcopus Namnetensis*, 50. Fils
d'Alain Canhiarh et évêque de Nantes de
1079 à 1111 (*Gallia christiana*, t. XIV,
col. 812 b à 813 b). Cf. Levot dans la *Biographie bretonne*, t. I, p. 468.

Berduualt, *vir sanctus Dei*, 15.

Berhuc (Bud) 45 (addition du xii⁰ siècle).

Bernardus, abbé de Landévennec, le trente-
deuxième sur la liste, 1. La *Gallia christiana* (t. XIV, col. 897 c) distingue deux
abbés de ce nom: *Bernardus I de Edern*,
mort en 1271, et *Bernardus II de Ker-
lauré*, qui vivait en 1282; ils sont le
vingt-cinquième et le vingt-sixième de sa
liste.

Berriun (Plebs), 35; Berrien, commune

du canton de Huelgoat, arrondissement de Châteaulin (Finistère).

BERTUUALT (LAN), 15.

BIABILIUS, saint, 29.

BIDIAN, *testis*, 42.

BILI, nom d'homme, dans CAER BILI, 43.

BILI, *testis*, 47.

BINIDIC, le dix-septième sur la liste des comtes de Cornouaille, 54. Voir BENE-DICTUS *comes*.

BLECHION (CAER), 43.

Blehuc «chevelu», surnom de *Pritient*, 31.

BLENLIUETT, 25, évêque [de Vannes]. (*Gallia christiana*, t. XIV, col. 922 B.)

BLENLIVET, abbé de Landévennec, le seizième sur la liste, 1; le neuvième dans la *Gallia christiana*, t. XIV, col. 896 c; vivait en 1031 (*ibid.*).

BLINLIUGUET, *testis*, 46.

BOIS, nom de lieu, 10.

Bot «demeure», dans les deux articles suivants.

BOT FRISUNIN, 22.

BOT TAHAUC, 14.

BRATBERTH, 34; Brasparz; commune du canton de Pleyben, arrondissement de Châteaulin (Finistère).

BRIENCIUS, nom d'homme, 51.

BRIENDI CONRRIER (TERRA), 18; note du XIIIᵉ siècle.

BRIENT. Voir JOANNES BRIENT, 1.

BRINLIGUET AN-PARC, nom d'homme, 30; note du XIIIᵉ siècle.

BRITANNIA, la Bretagne, l'Armorique, 46, 50.

BRITHIAC, 14; PLEBS BRITHIAC, 13; Briec, chef-lieu de canton de l'arrondissement de Quimper (Finistère).

BRITONES, les Bretons d'Armorique, 3, 13, 20, 25.

Bro «pays», dans *Bro-Uuerec*.

BROUUEREC (PAGUS), 40; le Vannetais breton.

Bu «bœuf», dans *bu-orth*, 18.

Bud «victoire, profit», dans *Budic*, *Buduc*, etc.

BUD BERHUC, surnom de *Budic*, 54 (addition du XIIᵉ siècle).

BUDGUAL (TREF), 14.

BUDIAN (CAER), 35.

BUDIC «victorieux», nom d'homme.

BUDIC *comes*, 42, 45, 46, père de l'évêque Benedictus.

BUDIC *comes Cornubiensis*, 36.

BUDIC BUD BERHUC, le seizième sur la liste des comtes de Cornouaille, 54. *Bud Berhuc* a été ajouté par une main du XIIᵉ siècle.

BUDIC MUR, 54, le onzième sur la liste des comtes de Cornouaille.

BUDIC, frère de Maxenri, 54; comte de Cornouaille, le sixième sur la liste.

BUD MAEL (MACHOER PULL), 41.

Buduc «victorieux», nom d'homme, devenu nom de lieu, aujourd'hui Beuzec. Il y a dans l'arrondissement de Quimper deux communes de ce nom : Beuzec-Cap-Sizun, canton de Pont-Croix, et Beuzec-Conq, canton de Concarneau; de plus, Beuzec-Cap-Caval, dans la commune de Saint-Jean-Trolimon, canton de Pont-l'Abbé.

BUDUC, 19, une des trois localités énoncées ci-dessus.

Buduc vicarium, 17, une des trois localités énoncées ci-dessus.

BUDUC (LES), 43.

BULLAUC (CAER), 45.

BUORHT 18, BUORT 18; note du XIIᵉ siècle. Buhors, commune de Lothey, canton de Pleyben, arrondissement de Châteaulin (Finistère).

Bu-orth «étable à bœufs», écrit *Buorht* et *Buort*.

Bus «buis», dans *bus-it*.

ou canton de la Gacilly, arrondissement de Vannes (Morbihan).

Carhent «chemin de voiture»; écrit aussi *carrent.*

Carhent (Pen), 18.

Carian (Caer — Hæ Silin), 43.

Carluoe, 43; note du xiiiᵉ siècle; Kerloe, dans la commune de Camaret, canton de Crozon, arrondissement de Châteaulin (Finistère).

Carn «corne» (du pied des chevaux), dans la glose *rodoed carn, id est vadum corneum,* 38. C'est le même mot que *Karn* dans *Penkarn.*

Carrec, *silva,* 45. Ce mot signifie «rocher».

Carrent Luphant, 34.

Caruan. Voir Tribus Caruan, 4, et Pulcarvan, 3.

Caruthou (Tref), 11.

Castell «château», dans *Castellin,* 50.

Castell, 30.

Castellin (*Castrum* —), 50; Châteaulin, chef-lieu d'arrondissement du Finistère.

Castellum, 27. Voir Plebs Castellum.

Castellum Monsteriolum, 24.

Cat «combat», dans *Eu-cat, Sul-cat,* et les trois noms suivants.

Catguallon, *testis,* 46.

Catmaglus, 9.

Catuuaran, *monachus,* 24.

Cavall (Cap). Voyez Cap Cavall, 1.

[C]emer ou [ch]emer «arpent», glose de [*are*]*pennum,* 28; note du xiiᵉ siècle; mot composé de *cem-* pour *com-* «avec», et *er* pour *ar,* action de labourer.

Ch.... gueleu..... *villa,* 43; note du xiiiᵉ siècle.

Chebre (Diles Heirguor), 54.

Chei Chnech Samsun, 26.

Chenmarchoc, *testis,* 25.

Cheroenoc, surnom de Concar, comte de Cornouaille, 54.

Chnech pour *Cnech* «montée, côte», dans *Chei Chnech Samsun,* 26.

Choc (Caer), 2.

Choroe, *vicaria,* 22.

Chourentinus, «saint Corentin», présenté comme contemporain de saint Guénolé, 20. Premier évêque de Quimper; d'époque incertaine. Voir Sanctus Chourentinus, 24.

Chunuett (Lan), 19.

Clecher (Tribus), 7; Cléguer, près de la mer, dans la commune de Crozon. Voir Crauthon.

Clemens, *testis,* 40.

Clemens, abbé de Landévennec, le dixième sur la liste, 1; *Gallia christiana,* t. XIV, col. 895 d.

Clemens, abbé de Landévennec, le onzième sur la liste, 1; *Gallia chistiana,* t. XIV, col. 895 d.

Clemens, abbé de Landévennec, le douzième sur la liste, 1; *Gallia christiana,* t. XIV, col. 895 d.

Clemens, *monachus,* 24.

Cletin (Les), 11.

Cletuen (Plebs), 53; xiiiᵉ siècle; Cleden-Poher, canton de Carhaix, arrondissement de Châteaulin, ou peut-être Cleden-Cap-Sizun, canton de Pont-Croix, arrondissement de Quimper (Finistère).

Cloed «barrière, claie», pluriel *cloedou,* dans *Ros Meuur An-Cloedou Caer Cunan,* 29.

Cnech «montée, côte», dans le nom des deux localités suivantes. Comparez *Chnech.*

Cnech Crasuc, 14.

Cnech Uuenuc, 43.

Coett «bois, forêt», dans *Pen-coett, Lan Coett.*

Con «haut, élevé». dans *Con-car.*

Concar, le troisième sur la liste des comtes

de Cornouaille, 54. Voir RIUELEN MOR MARTHOU.

CONCAR CHEROENOC, le dixième sur la liste des comtes de Cornouaille, 54.

CONOCANUS, saint, 41, contemporain de Guénolé et de Childebert, d'après cette charte.

CONRRIER (TERRA BRIENDI), 18; note du XIIIᵉ siècle.

CORNUBIA, Cornouaille, 1, 2. «Le royaume ou comté de Cornouaille, qui occupait le sud-ouest de la presqu'île [armoricaine], ... avait à peu près les mêmes limites que l'évêché de Kemper avant 1789.» (M. de la Borderie, dans la *Biographie bretonne*, t. I, p. 830, col. 2.)

CORNUBIENSIS, de Cornouaille, 4, 24, 47, 48.

CORRAN, moulin, 43.

COULUT, fleuve, 37, le Kefleut.

CRASUC (CNECH), 14.

CRAUTHON (PLEBS et PLUEU —), 8; Crozon, chef-lieu de canton de l'arrondissement de Châteaulin (Finistère).

CRAUTON (PLUEU), 8. Voyez CRAUTHON.

CRAUZON, 1, forme récente de CRAUTHON.

CREHUEN, femme de Guillelmus, 56 (notice du douzième siècle).

CREUEN, fille de Gulelmus et d'Agaz, 57 (écrit au XIIIᵉ siècle).

CRUX. Voyez SANTA CRUX, 25.

CUMMANNA *in plebe Berriun*, 35: Commana, commune du canton de Sizun, arrondissement de Morlaix (Finistère).

CUN. Voir LAN CUN, 10, TREF CUN, 10.

CUNAN (CAER), 29.

CUNHIN (TRIBUS), 2.

CUNHOUR (TREF), 43.

CUNIANUS, *vir nobilis*, 17.

Cuu «doux, gracieux», dans *Gleu-cuu*.

CYRICUS, saint, 25.

DABAT (CAER), 45.

DANIEL, moine, 24.

DANIEL, *testis*, 42.

DANIEL, *testis*, 51.

DANIEL DREM RUD *Alammanis rex*, le cinquième sur la liste des comtes de Cornouaille, 54.

DANIEL UNUA, 54, le huitième sur la liste des comtes de Cornouaille.

Dant «dent», dans *Dant Enes*, *Dant Hir*.

DANT ENES, île, 30, la même que TERENES.

DANT HIR «à la dent longue», surnom de Maeluc, 30.

DECHEUC (LAN), 39.

– *deluu* «forme»? dans GURDELUU.

DEMETT (*vicarium*), 45.

DENGEL (TREF PUL), 11.

DEREIC, *laicus*, 24.

– *detuuet* «sage»? dans *Ridetuuet*.

DEUC (CAER), 14.

DICUMBITIO, DISCUMBITIO, mot celtique latinisé. composé dont le premier terme est la particule négative *di*, et dont le second commence par la ·préposition *com* «avec», dans les locutions : In dicumbitione, 2, 3, 10, 11, 22, 24, 25, 36, 49; in dicumbitione æterna, 5, 6, 7, 8, 9, 25, 26, 27, 41, 42, 47; in dicumbitione perpetua, 26, 41; in dicumbitione atque in hereditate perpetua, 40, 43, 44, 45; in dicumbitionem æternam, 8.

DILES, fils d'Alfrett et mari d'Alarun, 44. Voir DILES HEIRGUOR CHEBRE, 54.

DILES, *vicecomes*, 25.

DILES, *vicecomes*, 43.

DILES HEIRGUOR CHEBRE, le quinzième sur la liste des comtes de Cornouaille, 54. Cf. 44.

DINAN (TRIBUS), 2; Dinan, commune de Crozon. Voir CRAUTHON.

DINEAUL, 42; note du XVIIᵉ siècle. Voir DINEULE.

DINEULE (PLEBS), 43; Dinéault, commune du canton de Châteaulin (Finistère).

DIRI MUUR, 26.

DISCONBICIONE (IN) ETERNA, 56; XIIᵉ siècle. Voir DICUMBITIO.

DISCUMBITIONE (IN) ETERNA, 57; XIIIᵉ siècle. Voir DICUMBITIO.

DOENER, nom d'homme, 28; note du XIIᵉ siècle.

DOMECH JULIAN, 57 (écrit au XIIIᵉ siècle).

DOMIN, moine, 24.

DOMNONICÆ PARTES, 37: la Domnonée. Cf. A. de la Borderie, *Annuaire historique et archéologique de Bretagne*, année 1861, p. 137.

DOULAS. 1; Daoulas, chef-lieu de canton, arrondissement de Brest (Finistère).

Drem «visage», dans *Drem Rud* «visage rouge», surnom de *Daniel*, 54.

Du «noir», dans *Pen-Du-an*.

DUNGUALLUN, père de Louenan, 50.

Duur «eau», dans *Duur Ti*.

DUUR TI, 43.

ÉDERN, *vicarium*, 46; PLEBS ÉDERN, 46; Édern, commune du canton de Pleyben, arrondissement de Châteaulin, (Finistère).

EDIUNETUS ou EDIUNETUS, frère de saint Guénolé, 2, saint Idunet.

EDMEREN, père de Uuenlouen, 36.

EHOARN, père de Guihomarc, 52.

ELIMARIUS, abbé de Landévennec (en 1142); le vingt-troisième sur la liste, 1; le seizième dans la *Gallia christiana*, t. XIV, col. 896 E, où son nom est écrit *Elinarius*.

ELISUC, abbé de Landévennec (en 1047) 1; mort en 1055, selon la *Gallia christiana*, t. XIV, p. 896 C, qui écrit ce nom, le dixième sur sa liste, *Heliseus*.

ELORN (THOU), 28; note du XIIᵉ siècle.

ELURI (LAN), 27.

EMNUC, nom de lieu, 33.

En, article, dans *En-fou*.

ENEGUORIUS, saint. Voir PLEBS SANCTI ENEGUORII, 1.

Enep «visage, honneur», dans le mot suivant.

Enep guerth, glose de «ditatione» pour «dotatione», signifie littéralement «prix du visage» ou «de l'honneur», 44.

Enes, île, dans *Dant Enes, Enes-hir, Terenes*.

ENESHIR, 10, aujourd'hui en français «île Longue», fait partie de la commune de Crozon. Voir CRAUTHON.

ENEUUR, *vicarium*, 45: PLUEU ENEUUR, 43. Voir PLEBS SANCTI ENEGUORII, 1.

ENFOU (PAGUS), 39; le Faou, canton de l'arrondissement de Châteaulin (Finistère).

ERMELIAC (PLEBS, PLOE), 29; Irvillac, commune du canton de Daoulas, arrondissement de Brest (Finistère).

Eu-, particule dans *Eu-cat, Eu-huarn*.

EUCAT, *vir nobilis*, 27.

EUCAT, nom d'homme dans Ros EUCAT, 27.

EUDO, fils de Haelguthen; appelé aussi *Eudo Halguelh[e]n*, 31; note du XIIIᵉ siècle.

EUDO, fils de Rivallon le Chauve, 31; note du XIIIᵉ siècle.

EUDO GORMON *de Leon[ia]*, abbé de Landévennec, le trente-cinquième sur la liste, 1; le trente et unième dans la *Gallia christiana*, t. XIV, col. 897 E, où il est appelé *Yvo de Gormon*, et placé après Alanus Piezresii et Joannes III; ce dernier n'est pas mentionné dans notre liste, 1. Yvo ou Eudo, nommé abbé en 1317, mourut en 1344 (*Gall. christ.*, t. XIV, col. 898 A).

EUDON, variante d'*Eudo*, fils de Haelguthen et d'*Eudo*, fils de Rivallon, 31; note du XIIIᵉ siècle.

EUHUARN, vicomte, 46.

EUUENUS *comes*, 38, et EVENUS *comes, qui*

dictus est magnus, 39; Even le Grand,
comte de Léon, vainqueur des Normands,
de 875 à 878 (*Biographie bretonne*, t. II,
p. 291, 292).

FENTU (TI), 22.

FLAM (GRADLON), 54.

FLORENTIUS, 20.

FOET (KAER), 18; note du XIIᵉ siècle.

FOU, 31; note du XIIIᵉ siècle. Voir ENFOU
(PAGUS), 29.

FRADLEOC (FRAGUAL), 54.

FRADOU, nom d'homme, 30; note du XIIIᵉ
siècle.

FRAGUAL FRADLEOC, le douzième sur la liste
des comtes de Cornouaille, 54.

FRANCI, les Francs, 3, 10, 20.

FRISUNIN (BOT), 22.

FUENANT (PAGUS), 43; Fouesnant, chef-lieu
de canton de l'arrondissement de Quimper (Finistère).

FULCUN *comes*, 25, Foulques II, le Bon,
comte d'Anjou, de 938 à 958.

GALUEU (CAER), 39.

Gard «haie», dans *Hir-gard*. Le *d* tient lieu
d'un *th*, comme dans *laed* «lait».

– GELLAN. Voir TREFGELLAN, 35.

Gleu «brave», dans *Gleu-cuu*, *Gleu-louen*.

GLEUCUU, nom d'homme, 30; note du XIIIᵉ
siècle.

GLEULOUEN, nom d'homme, dans TERRA GLEU-
LOUEN, 18; note du XIIᵉ siècle.

GLUDOC (AN-PORHT), 18; note du XIIIᵉ siècle.

GNEUER (SOLT), 14.

GODOC (HERVEUS), 31; note du XIIIᵉ siècle.

GOEDOC, 18; note du XIIIᵉ siècle; «Gouézec»?
Voir UUOEDUC.

GORMAEL, père de Gulelmus, 57 (écrit au
XIIIᵉ siècle).

GORMAELON, fils d'Haerueu, 50.

GORMON (EUDO), 1.

Gorth «haie, enclos», écrit -*orht* pour *gorht*
dans *Bu-orht*.

GOUEN TNOU-BARROC, 31; note du XIIIᵉ siècle.

GRADLON, *testis*, 47.

GRADLON FLAM, le neuvième sur la liste des
comtes de Cornouaille, 54.

GRADLON MUR, le quatrième sur la liste des
comtes de Cornouaille, 54, contemporain
de saint Guénolé et de saint Corentin,
régna le premier sur toute la Cornouaille
(A. de la Borderie, article *Gradlon-Mur*
dans la *Biographie bretonne*). Voir GRAD-
LONUS *rex*.

GRADLON PLUENEUOR, le treizième sur la liste
des comtes de Cornouaille, 54.

GRADLONUS (I), abbé de Landévennec, le
vingt-quatrième sur la liste, 1; le dix-
septième dans la *Gallia christiana*, t. XIV.
col. 896 E; vivait vers 1160 (*ibid.*).

GRADLONUS (II) *de plebe Sancti Eneguorii*,
abbé de Landévennec, le vingt-sixième sur
la liste, 1; le dix-neuvième, sous le nom
de *Gradlonus de S. Enogat*, dans la *Gallia christiana*, t. XIV, col. 897 A.

GRADLONUS *rex Britonum, nec non et ex parte
Francorum*, 3. — *rex*, 2, 8, 9, 10, 11,
12, 13, 14, 15, 16, 17, 18, 19, 20,
21, 22, 23, 26; le même que *Gradlon
Mur*. (Voir ce mot.) M. de la Borderie
pense que ce personnage a été seule-
ment roi ou comte de Cornouaille (*Biographie bretonne*, t. I, p. 834). La charte
n° 20 le fait contemporain de Charlemagne.

Gual «terrible, puissant», dans *Hedr-gual*,
Tut-gualus; comparez *Guen-gualoeus*.

Guallon «très bon», dans *Cat-guallon*; comparez *Dun-guallun*.

GUDIANUS, *testis*, 51.

GUECUN *filius Alliou*, 51.

GUECUN, moine, 50.

GUECUN (TERRA), 52.

tième sur la liste, 1; le vingtième dans la *Gallia christiana*, t. XIV, col. 897 A.

JEDECAEL GUIDET (TERRA), 18; note du XIIᵉ siècle.

JOHANNES, *testis*, 51.

JOHANNES BRIENT, abbé de Landévennec, grand archidiacre de Cornouaille et recteur de Crauzon (1604). Suivant la *Gallia christiana*, t. XIV, col. 899 CD, il fut nommé abbé en 1608, se démit de sa charge en 1627, et mourut en 1632.

JOHANNES *dictus porcus*, abbé de Landévennec, le trente-quatrième sur la liste, 1; le vingt-huitième dans la *Gallia christiana*, t. XIV, col. 897 C, où il est nommé Joannes *du Parch;* vivait en 1293 (*ibid.*).

JONAS, *testis*, 51.

JOSEPH, *toronensia urbe pastor*, 25; cet archevêque de Tours fut, selon la *Gallia christiana*, t. XIV, col. 52 B, pris comme témoin par le comte Thibaud en 957 et occupa son siège pendant onze ans. La charte n° 25 du Cartulaire de Landévennec montre qu'il était déjà archevêque de Tours en 952, date de la mort d'Alain Barbe-Torte.

JULIAN (DOMECH), 57 (écrit au XIIIᵉ siècle).

JUSTINUS, abbé de Landévennec, le dix-neuvième sur la liste, 1, 51; le douzième dans la *Gallia christiana*, t. XIV, col. 896 D; vivait en 1089 (*ibid.*).

Kaer, Caer, «ville, village, château», dans *Kaer Foet*, etc.

KAER BEA...ROS, 18; note du XIIIᵉ siècle; localité de Landrefmael.

KAER CADAVEN, 18; note du XIIIᵉ siècle; localité de Landrefmael.

KAER FOET, 18; note du XIIᵉ siècle.

KAROLUS MAGNUS, Charlemagne, 20; régna de 768 à 814.

Kelihuc, Kelioc, «coq». Voir TERRA AN-KE-LIHUC et AN-KELIOC.

Kempenet, 31, note du XIIIᵉ siècle, nom commun masculin; est peut-être une altération de *Kemenet* (*Cartulaire de Redon*, p. 338), que M. de Courson explique (p. 753) par *commendatio, beneficium, feodum*. Cf. A. de la Borderie, *Biographie bretonne*, t. I, p. 552, col. 2, note 1.

KYLLAI, abbé de Landévennec, le dix-huitième sur la liste, 1; le onzième dans la *Gallia christiana*, t. XIV, col. 896 C, où son nom est écrit *Killas;* élu en 1056, mort en 1085 (*ibid.*).

LABOU HETHER, 10.

Laed «lait», dans *Laedti* «laiterie».

LAEDTI GUOLCHTI, 30.

LAEDTI *inferior*, 38.

LAEDTI *superior*, 38.

LAEDTI (AN-), 14.

LAIAN (TNOU), 43.

Lan «terre, terre sacrée»; mot suivi ordinairement d'un nom d'homme.

LANBERTHVUAULD (TRIBUS), 15 (au titre).

LAN BERTUUALT, 15.

LANCELINUS, abbé de Landévennec, le vingt et unième sur la liste, 1; le quatorzième dans la *Gallia christiana*, t. XIV, col. 896 E.

LANCELINUS, *testis*, 51.

LAN CHUNCETT, 19; Langonnet, cⁿᵉ du cᵒⁿ de Gourin, arrᵗ de Pontivy (Morbihan).

LAN COETT, 30, peut-être ce qu'on appelle aujourd'hui Haut et Bas Langoat, sur la rive droite de l'Aulne, près de Rosnoën.

LANCOLVETT (VILLA), 37.

LAN CUN, 10.

LAN DECHEUC, 39.

LANDERNNTAU pour *Landerneau*, 41; note du XVIIᵉ siècle.

LANDREFMAEL, 18; note du XIIᵉ siècle. Voir LAN TREFMAEL.

SILIN, 26. Voir CAER, TI.

SILIN GUENN, 43.

SIRFIC (LUDRE), 14.

SOLT GNEUER, 14.

SOLT HINUARN, 11.

SONETT (LAN), 19.

Sparll «barre», dans AN-SPARLL, surnom de *Guidomarus*, 31; note du XIIIe siècle.

Staer «fleuve, rivière», dans *An-Staer*, 18.

STEPHANUS, *testis*, 51.

SULCAT (VILLA THNOU), 36.

SULIAN, 14.

SULSE, *vicaria sita in pago Namnetensium*, 25; Sucé, canton de la Chapelle-sur-Erdre, arrondissement de Nantes (Loire-Inférieure).

Tad «père», dans le diminutif *tadic*.

TADIC, abbé, le vingt-neuvième sur la liste, en 1240, 1; le vingt-deuxième dans la *Gallia christiana*, t. XIV, col. 897 B.

TAHAUC (BOT), 14.

TALAR RETT, 28.

TAN (CAER), 39.

Tanett «brûlé, incendié», dans *Caer Tanett*.

TANETT (CAER), 32.

TANUOUD (SAINT), 16.

— TEGUENNOC, dans LAN-TEGUENNOC.

TELCHRUC (PLEBS), 7; Telgruc, canton de Crozon, arrondissement de Châteaulin (Finistère).

TELENT, *testis*, 47.

TELENT BASTART (TERRA), 52.

TERENES, île, 30; Térénez, île dans la rivière de Châteaulin ou Aulne.

TERRA AN-KELIHUC, 18; note du XIIe siècle.

TERRA AN-PRUNUC, 18; note du XIIe siècle.

TERRA AN-VASTARDOU, 18; note du XIIe siècle.

TERRA BRIENDI CONRRIER, 18; note du XIIIe siècle.

TERRA GLEULOUEN, 18; note du XIIe siècle.

TERRA GUECUN, 52.

TERRA HEBGUOEU, 18; note du XIIe siècle.

TERRA HEDRGUAL, 18; note du XIIe siècle.

TERRA HINEBET, 18; note du XIIe siècle.

TERRA JEDECAEL GUIDET, 18; note du XIIe siècle.

TERRA PENKARN, 53.

TERRA TELENT BASTART, 52.

TERRA TERENES, 30; note du XIIIe siècle. Voir TERENES.

TETBALDUS, 25, Thibaud, comte de Tours, au milieu du Xe siècle (*Gallia christiana*, t. XIV, col. 52 B).

— TEUUENNOC, dans LAN-TEUUENNOC.

THELGRUC (PLEBS), 7; note du XIIIe siècle. Voir TELCHRUC.

THEODOSIUS MAGNUS, 20; correction du XVIIe siècle.

THNOU (CAER), 34.

THNOU SULCAT (VILLA), 36.

THOPOPEGIA, 2, 55; XVIe siècle.

THOPOPEGYA, 26, «île de Tibidy», en face de Landévennec.

THOU ELORN, 28; note du XIIe siècle.

Ti «maison», second terme des composés *Laed-ti, Guolch-ti, Duur Ti*.

TIBIDI, 26; note du XVIIe siècle. Voir THOPOPEGIA.

TI FENTU, 22.

TILI MEUUER, 22.

TIRIFRECHAN, 23.

TI RITOCH HAN SILIN, 11.

Tnou «vallée», dans *Tnou Barroc*, etc.

TNOU (LES), 11.

TNOU BARROC, 31; note du XIIIe siècle.

TNOU BARROC (GOUEN), 31; note du XIIIe siècle.

TNOU LAIAN, 43.

TNOU MELIN, 26.

TNOU MERN, 16.

TNOU MIOU (LAN), 11.

TOCOHAN (TREF), 18.

TOLMAEN, 53.

TORONENSIA *urbs*, Tours, 25.

TRECHORUUS, *vicaria*, 12; Trégourez.

INDEX.